U0586404

快速打动投资人

优质商业计划书精彩集锦

第2版

杨光瑶◎编著

中国铁道出版社有限公司

CHINA RAILWAY PUBLISHING HOUSE CO., LTD.

内 容 简 介

全书共 8 章，第 1 章是商业计划书写作要点和注意事项，旨在让读者了解商业计划书的整体写作思路。第 2～8 章是本书案例分析的内容，通过分析食品、网络、能源、环保、酒类、车辆等行业商业计划书，主要讲解商业计划书的写作要点，让读者能更加直观地理解商业计划书的写作要求。

本书内容实用，讲解详细，采用理论+案例的方式，可以快速帮助读者学会如何编写一份合格且精彩的商业计划书。本书特别适合正在筹划创业，想要通过招商或融资实现进一步发展的公司或单位相关人员，也适合希望通过商业计划书指导公司有计划地开展经营管理活动的管理人员和有撰写商业计划书需要的工作人员学习参考。

图书在版编目（CIP）数据

快速打动投资人：优质商业计划书精彩集锦/杨光瑶
编著.—2 版.—北京：中国铁道出版社，2019.3（2022.1 重印）
ISBN 978-7-113-25136-9

Ⅰ.①快… Ⅱ.①杨… Ⅲ.①商业计划-文书-写作
Ⅳ.①H152.3

中国版本图书馆 CIP 数据核字（2018）第 259048 号

书　　名：快速打动投资人：优质商业计划书精彩集锦
作　　者：杨光瑶

策　　划：王 佩　　编辑部电话：（010）51873022　　邮箱：505733396@qq.com
责任编辑：王 佩
封面设计：MXK DESIGN STUDIO
责任印制：赵星辰

出版发行：中国铁道出版社有限公司（100054，北京市西城区右安门西街 8 号）
印　　刷：佳兴达印刷（天津）有限公司
版　　次：2017 年 5 月第 1 版　2019 年 3 月第 2 版　2022 年 1 月第 2 次印刷
开　　本：700mm×1 000mm　1/16　印张：16　字数：211 千
书　　号：ISBN 978-7-113-25136-9
定　　价：49.00 元

版权所有　侵权必究

凡购买铁道版图书，如有印制质量问题，请与本社读者服务部联系调换。电话：（010）51873174
打击盗版举报电话：（010）63549461

Foreword
—— 前言 ——

商业计划书是公司、企业、创业者或项目单位为实现招商、融资或其他发展目标，按照一定格式和内容编写的反映公司或者项目现状及未来发展潜力的书面材料，是公司获得投资、贷款及合作的关键文件。

编写商业计划书的过程是为公司或项目发展战略全面思索和重新定位的过程，因此商业计划书也是一份制定行动方案的咨询建议书，可以指导创业者或公司有效地开展经营活动。

许多创业者或者公司融资成功率不高，并不是因为项目不够好或者投资回报不够吸引投资人，而是因为没有重视商业计划书的编写，草草了之，使得投资人无法在商业计划书中看到诚意和项目的投资价值。

由于商业计划书包含的内容较多，编写起来比较复杂，为此我们编写了本书，希望读者通过对本书的学习，学会如何更好地编写商业计划书。

本书的第 1 章对商业计划书写作过程中的必要板块、注意事项等进行了讲解，旨在让读者了解商业计划书的整体写作思路。第 2~8 章为商业计划书主体知识的讲解，通过对大量精彩的商业计划书案例进行展示和分析，采用原理+案例分析相结合的方式，向读者讲述了以下几个问题。

● 一份完整的商业计划书包含哪些主要内容？

● 如何编写商业计划书市场分析、行业分析、竞争者分析？

● 组织结构的重要性，以及如何阐述产品、服务和公司？

● 商业计划书中的风险分析和应对策略的写作要点是什么？

● 如何在商业计划书中体现管理团队的素质和能力？

● 如何在商业计划书中进行财务预测和投资回报分析？

● 营销策略写作包括的内容，以及封面、附录等写作的要点有哪些？

本书在讲解过程中精选了大量商业计划书案例，覆盖食品、饮料、酒业、能源、环保、房产、建筑等不同行业。通过案例和理论相结合讲述的方式不仅能让读者了解到商业计划书写作的核心要点，还能帮助读者更直观地掌握如何编写商业计划书的方法。在第 2~8 章，每章的最后部分还增加了写作提示的内

Foreword
—— 前言 ——

容，作为章节的提升学习，能够帮助读者更深入地认识商业计划书的写作要求。

本书特别适合有好的创业想法并正在筹划创业的人士，希望通过商业计划书获得融资资金的创业者，想通过招商或融资实现进一步发展的公司或单位相关人员，希望通过商业计划书理清商业思路的创业者或企业，以及希望通过商业计划书指导公司有计划地开展经营管理活动的管理人员学习参考。

最后，希望所有读者能够从本书中获益，通过好的商业计划书获得融资和合作机会，让商业计划得以执行，实现自己的创业理想。

编者

2019 年 1 月

Contents
—— 目录 ——

第1章 先来看看商业计划书的优劣之分

商业计划书是公司、企业和项目单位等为了达到招商融资或其他发展目标，根据一定的格式和内容要求而编辑整理的项目计划书面材料。商业计划书编写完成后提交给投资方，以便投资方对企业或者项目作出评判，从而获得融资。那么什么样的商业计划书才能打动投资人呢？本章我们将一起来看看商业计划书的优劣之分。

第2章 食品、酒业和饮料类商业计划书

随着人们生活水平的提高，人们越来越重视饮食健康，饮食行业也呈现出相应的变化，这对许多饮食企业来说既是机遇，又是挑战。那么针对饮食行业的商业计划书，又有哪些写作要求呢？下面一起来看看。

Contents
目录

第3章　网络、投融资类商业计划书

随着中国经济进入"新常态"，互联网的普及率在持续上升，互联网行业持续引领机构投资热潮。金融市场也在这一大环境下保持稳步增长，各种投资理财公司、担保贷款公司不断地发展扩大。

第4章　能源、环保类商业计划书

近年来，节能环保、新能源、治霾等词汇成为环保热词，随着人们环保意识的提升，节能环保产品拥有很大的商机。本章将以能源、环保类的商业计划书为例，来看看商业计划书的一些写作要点。

第5章　产品研发、技术专利类商业计划书

目前，拥有自主研发产品和技术专利的企业已经越来越多，这类企业的技术、品牌优势明显，同时他们也在选择适宜时机扩大生产规模，提高市场占有率。其中有些企业将眼光放在了国际市场，寻求进一步的发展。为了实现企业总体目标，他们需要商业计划书来融得发展资金。

Contents
—— 目录 ——

第6章 房产、建筑项目类商业计划书

无论是什么类型的商业计划书，其中的财务分析与预测是商业计划书中比较重要的内容，通过财务分析可以预测未来经营的状况。财务分析的内容属于专业性较强的内容，在书写该部分内容时会花费大量的时间和精力，商业计划书的制作人需要格外重视这部分内容的书写。本章以房产、建筑项目类商业计划书为例，讲解相关的财务分析与预测内容的写法。

第7章　物流、车辆类商业计划书

目前，车辆交通运输行业呈现出一种稳中向好的发展态势，与车辆交通运输相关的各种创新商业模式也在不断出现。本章我们将以车辆交通运输行业的商业计划书为例来看看商业计划书中营销策略、资金需求及投资退出机制的写作要点。

Contents
—— 目录 ——

第8章 医药及其他行业商业计划书

商业计划书中市场分析、行业分析、风险因素分析、融资需求、管理团队、产品或服务及财务分析等内容书写完成后，还需要书写商业计划书的摘要、附录和结论，让商业计划书结构完整。不同的商业计划书，这些内容的侧重点是不同的。本章将以医药、生物技术、电子行业等多个行业的商业计划书为例，对比介绍摘要、附录和结论内容的具体写法和注意事项。

第 1 章

先来看看
商业计划书的优劣之分

商业计划书是公司、企业和项目单位等为了达到招商融资或其他发展目标，根据一定的格式和内容要求而编辑整理的项目计划书面材料。商业计划书编写完成后提交给投资方，以便投资方对企业或者项目做出评判，从而获得融资。那么什么样的商业计划书才能打动投资人呢？本章我们将一起来看看商业计划书的优劣之分。

1.1
投资人没看懂计划书

　　商业计划书包含的内容很多，但是并不表示商业计划书要写成"学术论文"，专业术语过多、语言晦涩难懂的商业计划书会让投资人不明白制作人具体想要表达什么样的内容。

　　阅读商业计划书的投资人可能并不是该项目所属行业的专业人员，但是他们对该项目感兴趣，需要通过阅读商业计划书来了解该项目的目标、计划及发展前景等内容。

1.1.1　内容多，没有逻辑性

　　商业计划书的内容包含项目的各个方面，那么是不是表示商业计划书可以随意发挥，随便写多少页呢？答案是否定的。

　　商业计划书要求完整、全面，虽然没有具体页数的规定，但是也不能写太多内容，通常来说一份商业计划书最长不要超过 50 页，一般控制在 20~40 页为宜。之所以要控制页数，是因为大多数投资人每天都会阅读几份或者十几份的商业计划书，他们没有太多时间和精力去阅读一份上百页的商业计划书。

　　除了要把握好内容的多少外，商业计划书也要具有逻辑性。对于一份完整的商业计划书先写什么，后写什么，制作人一定要清楚明了，可以在制作前罗列一个提纲，以确保条理清晰，内容完整。

　　在商业计划书制作完成后也可以通过目录进行自我检测，如果没有满足这些条件则要进行更改，直到满意为止。

1.1.2 商业计划书禁忌

很多创业者由于没有撰写商业计划书的经验，在写作过程中容易陷入一些误区中，下面将介绍商业计划书的常见禁忌，以避免在写作过程中犯同样的错误。

● 过分强调专业性

在制作商业计划书时应该以普通人的口吻来制作，避免大量使用专业术语及非专业人员看不懂的缩写。虽然使用这样的词汇会让商业计划书看起来更加专业，但是这样的商业计划书更像"学术论文"，而不是商业计划书。

● 全篇文字，没有图表

大多数投资人在阅读商业计划书时会直奔主题，比起长篇大论的文字阐述，他们更喜欢简单明了的商业计划书，图表和文字搭配可以让商业计划书更加生动、简单。

● 生搬市场数据

不同的项目有不同的侧重点，简单地搬运市场数据是对商业计划书画蛇添足，除非计划书中涉及的行业很新，或者这些市场数据是属于自己的见解和分析。

● 兜圈子

投资人都有看商业计划书的本领，创业者或项目发起人是实实在在讲商业机会还是瞎编胡扯，他们都能看出来，兜圈子蒙混过关是不行的。

● 排版精美，但没有"肉"

很多创业者制作的商业计划书看起来内容很多，但细看却发现并没有太多实质内容，全是泛泛而谈，投资者最关心的问题都没有在商业计划书中找到答案。

● 只谈缺钱

制作商业计划书的目的是让投资人投资，但只谈缺多少钱，投资人是不会把钱交给你的。这些投资人并不是你的亲人或朋友，他们不会平白无故的给你投资，只有商业计划书打动投资人，让投资人相信这个项目能够让他们获得收益，他们才会投资。

● 谈没有对手

有些创业者或项目发起人认为自己做的东西前无古人后无来者，是独一无二的计划，但很可能是没有看到或发现竞争对手，所以这不代表没有对手，描述不准确一样会使投资人对商业计划书减分。

● 谈市场很大

每个创业者或项目发起人都对自己的项目信心满满，甚至认为可以改变世界或人类社会，并在商业计划书里不断强调，然而创业是细节的较量。

● 谈平台

平台不是凭空出来的，也不是搭建出来的，它是在上下游各个行业的客户之间建立联系，进而形成了平台。

● 求多求全

计划书的内容不是越多越好，很多时候简单明了更能说明创业者或项目发起者的底气很足，能够把握好关键点。

● 空话太多

很多创业者或项目发起人的商业计划书一开头就大话连篇，从宏观经济说到世界形势。但投资者都很了解其想要投资的行业，不需要企业再做市场基础教育培训了。直接进入主题，简单明了，反而更能说明问题所在。

● 只谈情怀

有情怀是好事，但商业投资是一件严肃的事，投资人没有那么多时间听创业情怀。

● 赌咒发誓

发誓和感叹号都不需要出现，投资人都是资本家，锦上添花的多，雪中送炭的少，投的是增长，躲的是悲壮。

● 过多使用描述性语言

投资人并不会花太多的时间一字一句去阅读和分析一份商业计划书，如果商业计划书中使用了大量描述性的语言，却没有提出要点，这样的商业计划书也不能吸引投资人。

1.2
什么是优质的商业计划书

要努力让投资人明白这个项目可投资，那么商业计划书的内容就需要提供给投资人有用的信息、数据以及能够证明投资人能够得到高回报的内容。

想要制作一份商业计划书并不是一件很困难的事，但是要制作出一份优质的商业计划书，似乎就没有那么简单了。那么，什么样的商业计划书才能称为优质的商业计划书呢？

1.2.1 不可少的四大版块

商业计划书是创业者获得融资的"敲门砖"，它包含的内容很多，许多商业计划书的制作人并不清楚一份商业计划书重点内容是什么，往往重要的内容没有写，反而写了很多并不重要的内容。

那么商业计划书中哪些内容是必须要有的呢？下面来看看一份完整的商业计划书不可或缺的四大版块。

（1）市场分析

我们都知道一个产品有了市场才有可能获利，没有市场即使产品再好，投资以后也没有什么回报的可能性。而如果这一市场已经饱和了，再进入该市场同样也无利可图。通过市场分析可以告诉投资人该项目是否有市场前景，未来是否能在这一市场中占有份额。

投资人在阅读一份商业计划书时不仅关心该项目是否能赚钱，还会考虑能赚钱的空间有多大，如果一个项目仅仅能赚钱，但是整体赚钱空间有限，投资人也不会有太多兴趣，因此市场分析是商业计划书中不可缺少的一部分。

（2）竞争分析

竞争分析主要分析竞争对手是谁，自己的项目有哪些竞争优势等，竞争分析之所以也是商业计划书中不可缺少的一部分，是因为有竞争力的项目才能持续发展下去。

如果该项目有足够的竞争优势并且能够持续，那么这个项目在一定的时间内是可以获得利润和回报的，而投资人关心的也是利润和回报。在市场激烈竞争的环境下，竞争分析显得更加重要，因此这一部分也是商业计划书必须包含的内容。

（3）商业模式

商业模式，通俗来讲便是通过什么途径或方式来赚钱，投资人在知道项目能赚钱后，还想要知道为了达到这一目标创业者会做出哪些决策。一个好的项目能够赚钱，但是却不清楚如何才能赚到钱，也只能是一纸空文。

投资人在投入资金后也想知道何时才能盈利，哪些因素会影响盈利等。投资人并不会让自己的钱白花，他们给创业者这笔钱是想让创业者把产品做好，让他们获得高额的回报，所以，企业怎样经营是商业计划书的一个重点。

（4）融资规划

既然制作商业计划书的目的是为了获得资金，那么想要融得多少资金，给投资人的回报又是什么，这些内容是必须写清楚的。

融资资金并不是越多越好，而应以企业项目的实际需求为准，需要 500 万元便如实告知需要 500 万元，而不要写需要 1 000 万元。明确所需资金量后，商业计划书还要告诉投资人资金会用到哪些地方，让投资人心里有数，这样他们才能把资金安心地交给你。

明确了商业计划书不可缺少的四大板块后，在制作时就要把这几个部分都包含在内，并且这四大部分内容都不能空洞无物，而要落到实处，让投资人从商业计划书中看到这个项目会帮助他们赢到更多的回报。

1.2.2 好的计划书能回答这样的问题

一份商业计划书写完后，想要知道这份商业计划书是否合格，可以进行自我检测，自我检测并不是把制作好的商业计划书从头到尾地检查一遍，看一看其中有没有错别字那么简单。

商业计划书是用于解决问题的，因此我们可以尝试回答以下的问题来进行自我检测。

● 项目面对的市场需求是什么，如何去满足这一需求

商业计划书要能够回答"项目面对的市场需求是什么，如何去满足"这一问题，如果商业计划书不能回答这一问题，表明这个项目可能没有存在的理由。

● 市场有多大，竞争力如何

商业计划书中应能回答"市场有多大"这一问题的数据，如果没有将无法得知创业的空间到底有多大。如果这个项目可行并且有市场，那么商业计划书还要回答"竞争力如何"这一问题，通过回答这一问题，可以明确公司是否能够存活下去。

● 你的管理团队有谁

创业的成功与失败与团队是有关系的，在商业计划书中应该能够看到管理团队由哪些成员组成，他们都有哪些经验。

● 执行情况如何

看看商业计划书中是否有具体执行情况的说明。比如市场营销方针，销售周期和销售渠道的安排及目前进展情况等内容。

● 财务状况如何，融资需求是什么

检测商业计划书是否有关于未来3～5年的财务规划,比如资产负债表、项目损益表等能说明财务具体状况的内容。还可以查看商业计划书是否有成本预算清单,比如定价结构、成本、费用等。看看商业计划书中的融资

需求部分是否说明了希望得到多少投资，比例如何及资金使用计划等。

● 何时能够盈利

在检测商业计划书时还要查看商业计划书是否能够解决"何时能盈利"这一问题。比如盈利周期的分布情况、在哪个阶段能够实现收支平衡等。

1.2.3 外表美观大方

一份商业计划书除了内容要达到要求外，外观也要美观大方才能称之为好的商业计划书。外观美观要做到字体合适、图案清晰、排版合理、格式统一，图 1-1 所示为某商业计划书部分内容。

6. 营收预估
6.1 营业目标

二十一世纪是生化科技的世纪，在全球人类生活逐步向小康迈进的今日，追求健康与长寿成为不可逆转的风潮，因此各大厂商均以健康自然的诉求将各式各样的产品推向市场；而在这一些产品出现的同时，早期流行一时的化学合成物也正逐渐在市场中消失，取而代之的是天然菌类、植物、动物的概括提取物或单一提取物，或直接上市，或作为药品中间体再加工成高附加价值的医药产品，可以预见，生化科技将在本世纪众多的明星产业中独领风骚，成为一支独秀。

据全球药品市场权威研究机构的年度评估报告显示，1999年全球药品销售额达到3430亿美元，比1998年增加12%，其中中国仅占220亿美元。报

预计，到2004年，全球药品销售额将达到5060亿美元。1999年北美地区仍

全球最大的药品市场，药品销售额达1388亿美元，比上年增加了18%。预计，到2004年，北美地区的药品销售额将达2343.7亿美元，年均增长11%。1999年西欧地区的药品销售平淡，为896亿美元，但报告预计今后5年内其药品

销售额的年增长率可达7.7%。

日本药品市场受政府两年一次降低药品价格政策的影响，去年的销售额猛增了20%，达到435亿美元，但报告预计今后5年内其药品销售额的年均增幅仅

%。世界十大药品市场主要分布 在北美、日本、拉美及欧洲。美国仍是最大的药

图 1-1　某商业计划书部分内容

从图 1-1 可以看出该商业计划书的正文内容看起来极不美观，文字没有对齐，段前段后距离也并未统一，这样的商业计划书很明显是不合格的。将该商业计划书的这一部分内容调整后，我们发现看起来会美观很多，

如图 1-2 所示。

第六部分　营收预估

6.1　营业目标

　　二十一世纪是生化科技的世纪，在全球人类生活逐步向小康迈进的今日，追求健康与长寿成为不可逆转的风潮，因此各大厂家均以健康自然的诉求将各式各样的产品推向市场；而在这一些产品出现的同时，早期流行一时的化学合成物也正逐渐在市场中消失，取而代之的是天然菌类、植物、动物的概括提取物或单一提取物，或直接上市，或作为药品中间体再加工成高附加价值的医药产品，可以预见，生化科技将在本世纪众多的明星产业中独领风骚，成为一支独秀。

　　据全球药品市场权威研究机构的年度评估报告显示，1999 年全球药品销售额达到 3430 亿美元，比 1998 年增加 12%，其中中国仅占 220 亿美元。报告预计，到 2004 年，全球药品销售额将达到 5060 亿美元。1999 年北美地区仍是全球最大的药品市场，药品销售额达 1388 亿美元，比上年增加了 18%。预计，到 2004 年，北美地区的药品销售额将达 2343.7 亿美元，年均增长 11%。1999 年西欧地区的药品销售平淡，为 896 亿美元，但报告预计今后 5 年内其药品销售额的年增长率可达 7.7%。

　　日本药品市场受政府两年一次降低药品价格政策的影响，去年的销售额猛增了 20%，达到 435 亿美元，但报告预计今后 5 年内其药品销售额的年均增幅仅 0.4%。世界十大药品市场主要分布在北美、日本、拉美及欧洲。

图 1-2　某商业计划书部分内容

　　将图 1-1 和图 1-2 进行对比，我们会发现图 1-2 要比图 1-1 看起来整洁很多，因此我们在制作商业计划书时也要注意格式。

1.3
商业计划书要有创意性

　　一份商业计划书想要在众多的计划书中脱颖而出必须要有能够让投资人觉得眼前一亮的地方，商业计划书虽然有一定的格式和内容要求，但并不意味着完全按照格式模板套入，相反商业计划书需要创意，并且数据一定要有真实性，这样才能打动和说服投资人。

部分人的商业计划书投资人阅读完以后并没有任何的印象，有些商业计划书甚至没有被投资人完整地看完便被"淘汰"。这些商业计划书之所以被投资人抛弃，有一部分原因就是商业计划书本身没有创意思维。

一个公司或者一个项目能够长远的发展，必定有其独特之处和核心价值。而部分人在编写商业计划书时把真正能体现项目优势的地方用模板套用，使得商业计划书看起来平淡无味，毫无新意。

1.3.1 内容切记不要照搬照抄

商业计划书不仅是给投资人看的，也是给自己看的。同时，商业计划书能够帮助自己梳理创业思路，明确项目运行的可行性及不足之处。

许多人在编写商业计划书时之所以容易照搬照抄是因为不清楚商业计划书是给谁看、写哪些内容，因此就用一个模板照搬照抄。要避免自己在书写商业计划书时犯这样的错误，导致计划书平淡无奇，就需要明确以下几点。

（1）给谁看

在开始写商业计划书时就要明白商业计划书是给谁看的，这关系到商业计划书是否具有针对性，是否具有侧重点，而且还能够让自己站在投资人的角度思考问题，从而提高投资人投资的概率。总结起来商业计划书的目标对象通常有以下人群。

● **投资人**：商业计划书的投资人一般主要包括风险投资人（VC）、天使投资者（Business Angel）、私募股权投资（PE）及其他金融投资机构。书写此类商业计划书要明白，投资人在看了商业计划书后能够感兴趣并且给予投资，这是因为投资人认为该项目能够为自己带来回报。因此，在写给投资人看的计划书时一定要把项目自身优势及未来市场前景等阐述清楚。

- **政府部门**：有类商业计划书会给政府部门看，以获得政府部门的扶持，在写此类商业计划书时要说明项目在哪些方面响应了政府的倡导，这样才更容易获得政府资金投入。

- **其他战略合作伙伴**：其他战略合作伙伴包括公司员工、有合作关系的公司及合伙人等。这类商业计划书通常是作为企业内部工作指南而书写的，在写此类商业计划书时要突出目标，具体执行过程要量化。

明确了商业计划书的目标人群以后，就要有侧重点地书写商业计划书，让投资人看到自己想要看到的内容。

（2）写什么

商业计划书通常由摘要、公司介绍、管理团队介绍、产品或服务、市场推广及营销策略、公司发展规划、财务状况、融资需求及回报方式等部分构成，不同类型的商业计划书所写内容并不完全相同。

- **摘要**：摘要是整个商业计划书的概括内容，摘要通常位于商业计划书主要内容的最前面，由于摘要位于商业计划书的最前面，因此对投资人是否投资起着很大的作用。

- **公司或项目介绍**：这部分内容主要介绍公司或者项目的具体情况，比如公司规模、主要设施、产品库存管理等。

- **管理团队**：主要介绍公司主要管理人员、管理结构、管理方式及员工岗位安排情况等。

- **市场或行业分析**：分析产品所属行业的基本情况，包括产品的定位、竞争对手等状况。

- **产品或服务**：主要介绍产品的市场规模，潜在消费者情况，未来的发展状况及售后服务等。

- **市场推广及营销策略：**这部分主要包括产品的发展目标、发展计划、营销计划及营销团队等内容。

- **财务状况：**对公司财务状况进行分析，主要包括损益表、资产负债表、现金流量表等的财务数据。

- **融资需求：**主要介绍融资资金的用途，包括资金需求量的多少、什么时候需要使用资金等内容。

- **回报方式：**这一部分主要告诉投资人资金的退出方式是怎样的，比如什么时候投资人可以收回投资，投资的回报率是多少等。

1.3.2 数据要真实且有表现力

在写商业计划书时常常会用到许多数据，比如在分析互联网智能设备行业状况时，可能会用到2016年第一季度互联网智能设备的增长情况数据。在书写该部分内容时，如果并未查询真实的数据，而使用了含糊不清或者毫无根据的数据。这样的数据根本逃不过投资人的眼睛，很容易被一眼识破，这样的商业计划书很可能被投资人"丢弃"。

商业计划书的有些数据需要进行自我调查、搜集后才能获得。通过自我调查、搜集到的数据通常为一手数据，这类数据还需要进行数据分析后才能直接使用。而有些数据则是公司现有的数据，比如年度损益表、资产负债表、所有者权益表等。对于公司现有的数据也要做到真实，不能隐瞒事实使用虚假的数据。

在分析数据时为了让投资者清楚地了解数据所要表达的含义，可以把内容较多的数据制作成图表的形式，这样可以让数据变得一目了然。比如引用不同地区居民消费价格数据，切记不要使用以下的数据表达方式。

河北省、山西省、辽宁省、吉林省四省 2016 年 3 月居民消费价格指标分别为 101.8、101.1、101.9、101.6；2016 年 2 月为 101.5、101.5、101.8、101.9；2016 年 1 月为 101.8、101.0、101.5、101.7。

而如果使用图表的表达方式会更加直观，也更容易理解，如图 1-3 所示。

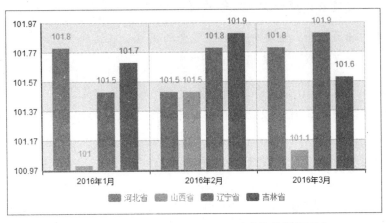

图 1-3　四省 2016 年 1～3 月居民消费价格指标图表

1.3.3 PPT 忌白底黑字效果

在向投资人介绍商业计划书时常常会用到 PPT，这是因为 PPT 演示起来更加方便，内容也更精美，使用 PPT 进行商业计划书的演示可以让投资人更好地了解商业计划书的内容。

制作商业计划书 PPT 与制作 Word 文档有着格式的区别，而某些制作者常常会把 PPT 版的商业计划书制作成与完整版 Word 文档商业计划书一样的效果，全篇都是"白底黑字"的展示方式，使得投资人查看商业计划书演示文稿时失去耐心。下面来看看某公司商业计划书 PPT 部分内容的展示方式，如图 1-4 所示。

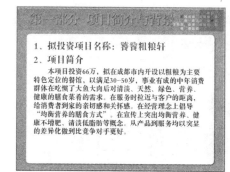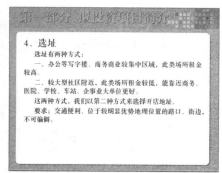

图1-4　某企业的 PPT 商业计划书简介及背景介绍

从图 1-4 可以看出该企业的 PPT 演示文稿采用的是白底加黑字的展示方式，文字内容看起来比较多，同时该公司 PPT 演示文稿通篇都采用的是此种风格。这样的演示文稿会让投资者"犯困"，并且也不便于投资人理解公司各方面情况。许多投资人常常没有耐心一字一句地看这种类型的商业计划书。下面来看看另一企业制作的商业计划书 PPT 部分内容，如图 1-5 所示。

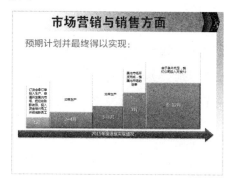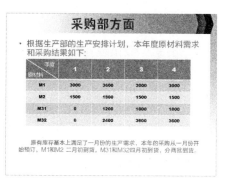

图1-5　某企业市场营销情况与采购计划

将图 1-4 和图 1-5 两图进行对比，可以看出图 1-4 的 PPT 展示方式比较单调，只使用了文字。而图 1-5 则采用了表格、图形等表现方式，使得整体内容清晰明了，便于理解。

通过两图的比较可以看出不同的展示方式可以达到不同的效果，商业计划书的制作人在制作时就要避免大段文字的错误。

1.4
商业计划书的制作技巧

要想制作出有创意性的、能打动投资人的优质商业计划书，必须要掌握一些基本的、常见的制作技巧。

1.4.1 完善的商业计划书应具备八大要素

在撰写商业计划书时，不仅要从版块的角度认清计划书的大致结构，还要从内容的角度掌握计划书的八大要素。

● 执行摘要

该要素一般出现在商业计划书的最前面，是出资者首先要看的内容，所以它必须能让风险投资者有兴趣并渴望得到更多的信息，给读者留下长久的印象。但建议撰稿人将该部分内容先空出来，在撰写整个商业计划书的最后再来完成。

● 公司简介

该要素主要包括公司的概况，如注册情况、历史情况、发展状况、技术力量、员工人数和规模、公司文化以及启动计划。

● 产品服务

该要素要求撰稿人描述公司的产品或服务的特殊性和目标客户，旨在突出商业计划书所涉及的可以让投资人产生投资意愿的产品和服务。主要回答的问题包括产品正处于什么样的发展阶段？它的性能怎样？企业分销产品的方法是什么？谁会使用企业的产品，为什么？产品的生产成本是多少，售价是多少？企业发展新的现代化产品的计划是什么？应该把风险投资商拉到企业的产品或服务中来，这样风险投资商就会和风险企业家一样对产品有兴趣。

● **策略推行**

商业计划书中的该要素需要阐明公司所了解的市场情况、客户需求、客户在哪里以及怎样得到客户的支持等内容，要细致分析竞争对手的情况。主要回答的问题包括竞争对手有谁？他们的产品是如何实现其价值的？竞争对手的产品与本企业的产品相比有哪些相同点和不同点？竞争对手所采用的营销策略是什么？要明确每个竞争者的销售额、毛利润、收入以及市场份额，然后再讨论本企业相对于每个竞争者所具有的竞争性，有时要向投资者展示顾客偏爱本企业的原因。

● **行动方针**

商业计划书应表明行动方针，需要明确的问题包括企业如何把产品推向市场？如何设计生产线，如何组装产品？企业生产需要哪些原料？企业拥有哪些生产资源，还需要什么生产资源？生产和设备的成本是多少？企业是买设备还是租设备？还要解释与产品组装、存储以及发送等有关的固定成本和变动成本的情况。

● **管理团队**

该要素旨在对商业计划书中的项目计划所涉及的主要团队成员进行详细的介绍，让投资人了解项目计划的参与人员，使投资人与项目计划负责人或参与者随时进行联系与沟通。

● 财务分析

该要素要求商业计划书中真实地反映公司当前的财务状况，包括现金情况和盈利状况。

● 法律风险

法律风险这一要素主要描述公司产品或服务在进入市场后如何规避法律风险，降低投资人的损失可能性，保证其获得比较稳定的收益。

提示

要想写出优质的商业计划书，除了要懂得撰写这几大要素，还要懂得如何对写出的商业计划书进行评判，进而做出适当的修改。一般情况下，商业计划书有 4 项评判标准：一是成功的商业计划书应有好的启动计划，计划是否简单、是否容易明白和操作；二是计划是否具体及适度，是否包括特定的日期及特定的人负责特定的项目和预算；三是计划应是客观的，销售预估、费用预算等是否客观准确；四是计划是否完整，是否包括全部要素，前后关系的连接是否流畅。

1.4.2 重视商业计划书的细节

掌握了商业计划书的大致框架和组成要素，还不能大意，还必须重视一些细节问题，突出商业计划书的亮点。

● **投资人希望看到企业要做的事是适合企业做的：** 企业做项目需要积累相关经验，在要做的事情上有过积累，不能只是因为想做一件事就去做。比如，计划书中的项目是做旅游，那么投资者就希望项目发起者是热爱旅游的；要做游戏，就希望发起者是骨灰级玩家或资深开发者。

● **突出团队项目的经历和经验与当前项目的匹配之处：** 团队之前做过什么不重要，重要的是团队之前的经历和经验与商业计划书中的项目有契合度。

- **不要硬生生地将一群"牛人"聚在一起**：商业计划书在介绍管理团队时，要区分合伙人和普通员工，不要让投资人以为企业的股权划分有问题。

- **不要预算未来3年挣多少钱**：市场变化风云莫测，即使在商业计划书中对项目未来3年能挣多少钱做出预测，也没有多少人会相信。说说未来一年或6个月需要多少钱，用这些钱干什么，大概会花多少钱在人力成本上，多少钱会花在服务器运营上，多少钱会花在市场推广上等，这样的预算更加贴近实际。

- **说明如果业务成功，什么时候能达到盈利**：如果业务遇到问题，企业的财务状况能够继续支持企业运营多久。预测时不要过高，更不要夸大和吹嘘。

- **关于融资需求与股权结构**：投资人主要对高增长感兴趣，因此不要过分强调早期项目的盈利。另外，企业进行估值时要基于投资者真正的支付金额，并且要设定阶段目标，小步快走。要分析并明确希望融资的金额和出让的股份比例，权衡股权结构。

- **关于日后的退出机制**：投资者最关心的问题之一就是如何退出，一般有上市、公司并购和管理层回购这3种退出方式。

- **编写商业计划书的手法**：内容要清晰、简洁，要把一个项目的要点说清楚，尽可能多用图表，少用文字和大图，颜色尽可能简单朴素，不必在乎美术设计。重点要突出，观点要客观，不能一味地套用模板。计划书的语言要体现出团队的自信，要对投资者有说服力。

1.4.3 如何写一份打动投资人的商业计划书

商业计划书是创业者进入资本市场的第一块敲门砖，一份优秀的商业计划书会引起投资人的关注，进而得到进一步沟通的机会。然而现实生活中，能切切实实写好一份打动投资人的商业计划书并不容易，下面就来看看写出一份打动投资人的商业计划书需要做些什么？

（1）坚持 3 个原则

首先要多用图表，写明内容的关键字词即可，切忌长段落文字，因为文字过多容易模糊重点；其次，项目早期的商业计划书控制在 20 页内，确保投资人能快速看完；最后，商业计划书的内容要直奔主题，只讲重点。

（2）内容要精练

投资人最关注的是企业的产品或服务的独特性、相关市场的情况以及项目团队的实力等问题，因此商业计划书的撰稿人要从这些方面投其所好，才能写出打动投资人的计划书，如表 1-1 所示。

表 1-1　以商业计划书的内容打动投资人

内容	描述
产品或服务的独特性	确保产品或服务等有充分的市场需求，且公司能以独特的方式推广，能在市场上建立竞争优势
详尽的市场分析	虽然商业计划书的内容要简洁明了，但对于个别内容如市场分析，需要进行深入了解，充分预测
现实的财务预测	运用详尽的市场分析数据做出客观、现实和一定程度上的保守盈利预测
组建一支强劲的管理队伍	确保企业管理层有充分的技术、营销和财务管理能力来挖掘自身的潜力

第2章

食品、酒业和饮料类
商业计划书

随着人们生活水平的提高，人们越来越重视饮食健康，饮食行业也呈现出相应的变化，这对许多饮食企业来说既是机遇，又是挑战。那么针对饮食行业的商业计划书，又有哪些写作要求呢？下面一起来看看。

案例：
××方便食品商业计划书

随着生活节奏加快，消费结构也由温饱型转向小康型，使得简便、营养、卫生、安全、经济、即开即食的方便食品市场潜力巨大，市场上紧缺一种可以替代方便面的营养健康的方便食品。

在这一行业环境下，一份良好的项目计划书更能吸引投资人，本节将以××方便米饭商业计划书为例来分析和点评商业计划书中市场分析的写作方法和注意事项。

说清楚你的目标市场

很多时候投资人并不是特别了解这个行业，这就需要在商业计划书中写明该行业的背景、市场规模、发展空间等内容。这一部分内容通常放在市场分析中，它是商业计划书中比较重要、也是比较难写的一部分。下面先来看看××方便米饭商业计划书中关于目标市场的分析内容。

范例节选

3.1 目标市场

基于前期的市场调研，对目标市场分析如下：

学生族：对于学生而言，消费水平有限，同时追求简单方便而又营养的就餐方式，本公司产品"××"方便米饭正好可以迎合学生的需求。

年轻上班族：这一类消费者工作繁忙，饮食上追求方便、快捷。方便米饭系列产品，从早餐、午餐到晚餐都可以满足他们的需求。

旅游度假人士：出门在外，不能保证随时可以吃上满意的食物，备上"××"方便米饭，食用方便快捷的同时也可以拥有美味享受。

点评分析

目标市场是企业产品销售的最终目的地，而市场细分则是对企业的定位，在商业计划书中应该细分各个目标市场。

在范例节选这部分内容中主要介绍了该市场的目标客户，包括学生族、年轻上班族和旅游度假人士，通过这部分可以了解到该项目的市场定位。在本例中，目标市场分析采用的是按使用者行为进行细分的方法，即以职业、文化、家庭等进行分类，从而列出产品接近的客户类型。

我们在写商业计划书目标市场部分进行市场定位时也可以采取这种方法，但是市场定位分析并不局限于这一种细分方法。还可以采取其他方法来进行分析，下面来看看其他细分方法。

- **区域细分**：区域细分是指将市场划分为不同的地区区域，比如以行政区进行划分、以交通进行划分或以城乡进行划分等。

- **心理细分**：心理细分是指根据不同人群的兴趣、生活方式或者观点进行划分，比如该产品是户外用品，那么针对的目标人群就应该是爱好运动、旅游或探险的人群。

- **人口细分**：人口细分是指以年龄、性别、收入、受教育程度或社会阶层等进行分类。

- **行为细分**：行为细分是指对消费者行为进行评估，然后进行细分，比如把消费者分为理性消费者和冲动消费者等。

- **社会文化细分**：社会文化细分是指按社会文化特征，以民族和宗教为主进行细分。

对市场进行细分之后划分出来的目标消费群，在写目标市场内容时，并不是简单地把消费群体罗列出来，还需要对消费群体进行简单分析，在本例中，分析了为什么该类消费群体需要方便米饭。

在对目标市场进行阐述时，投资人不会因为简单的描述就相信你的计划，我们在阐述目标市场时要让投资人知道以下的内容。

- 你的细分市场是什么？

- 你的目标客户群是什么？

- 现有目标市场规模有多大？

- 目标市场结构怎样，正在经历怎样的变化？

- 你拥有多大的市场？

投资人也想了解市场现状

市场现状是对市场规模、市场竞争、市场走势等进行调查和资料分析，对投资人来说如果市场现状或预测不乐观，意味着他们会承担极大的风险，可能会导致投资人不接受该项目。

范例节选

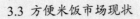

3.3 方便米饭市场现状

3.3.1 方便米饭企业现状

我国生产方便米饭已经有 10 余年的历史，全国约有方便米饭生产企业几十家，方便米饭销售额约为 2 亿元。成立较早的企业是香辰食品有限公司和领先食品股份公司。2002 年以后，方便米饭生产企业得到逐步发展，其中产品市场占有率较高的企业是乐惠食品有限公司和三全食品有限公司，其余大多数企业处于资金积累、维持发展、盈余平衡或微盈状态。

　　由于市场和资金的原因，方便米饭生产企业还属于前期发展阶段，市场氛围正在逐渐形成。目前市场上的方便米饭品种有"香香仔"、"得益绿色"、"三全"等。其价格一般在 8～15 元/盒。通过对威海市场的调查得知，威海及周边地区并没有生产方便米饭的企业。

3.3.2 方便米饭的认知度

　　通过对烟台市、威海市的调查显示，45.8%的消费者每周选择食用方便食品的次数在两次以下，大多数的调查对象没有购买方便米饭的经历，大约有80%的人没有购买过方便米饭，69.7%的人没听说过这种产品。在某些城市，消费者虽然对方便米饭并不陌生，但也只有1/4的人购买过方便米饭产品。调查显示，大多数人不选择方便米饭的原因，除了不知晓以外，就是怀疑方便米饭的方便性和食味，对于那些购买过方便米饭产品后又中断的人，主要原因是价格的因素，部分人也考虑到食味问题。

3.3.3 方便米饭的市场容量

　　根据调研一手数据分析得知，烟台的方便米饭市场容量约为3 500万元，折合为3 125 000 包；威海市的年总销售额为 2 647 万元，折合成方便米饭为 2 359 424 包；青岛销售额约为 4 000 万元，折合为 3 571 428 包，具体分析见下文。另外，由于我们的米饭包和方便菜是分开销售，所以，我们在经过一定时间的销售后，及时得到市场反馈，增加或减少米饭包或方便菜的生产量。

3.3.4 方便米饭的发展趋势

　　由许多专家、学者和经济学家预测分析，一个由方便米饭为主导，"米面二分天下"的时代正在开始崛起。随着居民收入水平的提高，生活方式的改变，生活节奏的加快，使得简便营养、卫生安全、即开即食的方便食品市场潜力巨大。

　　经过近十年的缓慢发展，方便米饭行业已从试探性的市场导入期，进入了临近市场快速增长的转型时期；行业的总体发展氛围正在形成；预计2～3 年后，方便米饭生产与消费将进入快速增长阶段。目前方便食品行业具有以下发展特点：①生产发展迅猛，②消费市场容量大，③布局趋于集中，④市场潜力巨大，⑤市场竞争压力不大。

点评分析

在商业计划书中需要对企业所在的市场进行一个概述，通过市场现状、发展趋势等的介绍，可以让投资人了解到企业在行业所处地位，进而判断该行业的市场是否有发展空间。

本例中，针对市场现状的内容介绍了 4 点，包括企业现状、消费者认知度、市场容量和发展趋势。通过对范例节选内容的阅读，我们可以了解到在书写市场现状内容时，说明了市场格局、市场发展趋势、市场容量、影响顾客购买力的因素等内容。

在"方便米饭的发展趋势"小节内容中，最后进行了简单总结，这样能够让阅读者更清楚该行业的一个市场状况，同时加深对该行业的理解。这也给我们以启示，在制作商业计划书时可适当进行总结，只要总结到位、精确，会让商业计划书更能吸引投资者。

在这一部分内容中我们还会发现引用了许多数据，比如分析了烟台的方便米饭的市场容量约为 3 500 万元，折合为 3 125 000 包。使用数据的目的是为了让计划书更具说服力，从这一点也告诉我们在进行市场分析时，使用数据是非常重要的，如果将"方便米饭的市场容量约为 3 500 万元"描述为"方便米饭的市场容量很大"这样很明显不具备说服力，需要注意的是在使用数据时最好以第三方权威数据引用和实际调研数据为准。

下面来看看商业计划书中进行市场分析应该介绍的内容和注意事项，具体内容如下。

- **市场机会分析**：市场机会可以分为环境机会与公司机会、表面市场机会与潜在市场机会、行业市场机会与边缘市场机会和全面市场机会与局部市场机会 4 种。

- **市场需求分析**：可采用调查分析法、统计分析法等来分析，包括市场需求量估计、未来市场容量和产品竞争能力的分析。

● **消费者购买类型销售分析**：可从消费者性格、职业、购买行为等进行分析。

● **市场发展趋势分析**：对市场未来发展趋势进行预测，如果个人进行预测比较困难，这时可以引用专家、学者或经济学家等权威人士或权威机构的预测来让预测更具说服力。

● **其他因素分析**：包括对商品分类销售实际、地区类别市场动态及销售费用的分析。

对宏观环境进行分析

分析宏观环境的目的在于更好地认识市场环境，了解宏观环境后可通过努力营销来适应社会环境及变化，从而达到营销目标。如果宏观环境对公司发展有利，在商业计划书中写明这一点是很有必要的。

范例节选

3.4 宏观环境分析

3.4.1 政策环境

联合国粮农组织指出："方便、营养、卫生、保质"是未来食品工业发展的方向。食品工业"十二五"发展规划中指出粮食加工业的重点发展方向之一是稻谷加工业："提高优质米、专用米、营养强化米、糙米、留胚米等产品比重，积极发展米制主食品、方便食品、休闲食品等产品；集中利用米糠资源生产米糠油、米糠蛋白、谷维素、糠蜡、肌醇等产品，有效利用碎米资源开发米粉、粉丝、淀粉糖、米制食品等食用类产品"。

农业部食品加工"十二五"规划在粮油发展重点中指出"发展冷冻米面食品、速食米饭制品"，由此可见在过去的五年以及未来的五年的时间里，米制食品一直受到政策的支持。因此，开发营养方便米饭符合国家产业政策，并且可以得到政策的支持。

3.4.2 经济和人口环境

随着收入提高，饮食已不仅仅是一种生存需要，而将逐步成为一种享受，居民希望有更多口感好、营养佳、省时省力的方便食品，居民的食品制成品消费比例将大大增加。

全国范围城市进程的加快，也使居民食品消费水平得到迅速提高，城镇人口比例已由20世纪70年代的17%上升到20世纪90年代的29%，根据最新的第六次全国人口普查数据显示，2010年威海市常住人口是280.48万人。进入21世纪我国人口正在从数量型向质量型转变，由温饱型消费结构向小康型消费结构转变，方便化、营养化的食品消费格局正在形成。

据国家统计局公布的信息，2011年中国经济增长9.2%，顺利完成"保增长"的任务，从目前来看宏观经济环境已处于平稳快速发展阶段。2011年威海经济增长8.55%，经济水平的提高促使消费者追求更好的享受、更健康的食品，而高速运转的生活节奏，又促使消费者追求简便迅速的就餐方式，消费者可以接受的食品价位在一定程度上有所提高。

根据调查结果显示，可以接受4~5元价位的方便米饭的消费者数量占47.1%，5~10元价位的占37.9%，10~15元价位的占14.3%。

点评分析

在范例节选内容中可以看出关于宏观环境的描述主要分析了两点，分别是政策环境与经济和人口环境。在"政策环境"分析的内容中说明了米制食品一直受到政策的支持，在"经济和人口环境"分析的内容中说明了随着消费水平的提高，方便米饭产品有着很大的消费市场，这两点都是从有利的条件方面来对宏观环境进行分析。

由于不同的行业宏观环境是不同的，在商业计划书中撰写宏观环境这部分内容时也会有所区别，我们可以按照以下的影响宏观环境的因素来进行分析。

- 人口环境分析

人口是影响市场的第一要素，人口数量是影响市场规模的一个基本要素，在其他条件不变的情况下，人口越多对各种产品的需求也会更多，在本例中，也用数据说明了人口数量的基本情况。除了人口数量外，还可以从以下几个方面来进行分析，如表 2-1 所示。

表 2-1　人口环境因素分析

因素	内容
年龄结构	不同年龄的消费者对产品或服务的需求是不同的，不同的年龄结构形成了具有年龄特色的市场，通过年龄结构的分析也可以帮助找出目标市场
性别结构	不同性别的消费需求是不同的，针对不同性别的不同需求可进行分析
教育或职业结构	人口的教育程度或职业不同，对产品或服务的需求也有区别，比如随着受教育程度的提高，对电脑、高科技产品的需求会增多
家庭结构	一个地区家庭的多少及家庭平均人员的多少，会影响到某些消费品的需求数量，比如日用品
区域结构	地区人口密度的不同，消费需求的特性和市场大小也会不同，比如一线城市和二线城市的消费结构会有区别

- 经济环境分析

收入因素、消费支出、产业结构和经济增长率等都是经济环境的影响因素，其中，收入因素和消费结构会对市场产生较大的影响。在分析收入因素时可以从国民生产总值、人均国民收入、个人可支配收入、个人可任意支配收入和家庭收入这 5 个方面来分析。

对消费结构的分析可使用恩格尔系数来表示，恩格尔系数越小，食品支出所占比重越小，表明生活富裕，生活质量高；恩格尔系数越大，食品支出所占比重越高，表明生活贫困，生活质量低。

● 政策法律环境

某些法规、法令和条例会对公司产品产生一定的影响，而某些公司则受政策法规的影响很大，比如政府加强了对环境保护的干预，出台了有关环保的政策法规，对某些化工类公司会产生不利影响，而对某些环保类公司则会产生有利影响。当政策法律环境支持该行业的发展时，在商业计划书中也要将这点体现出来。

● 社会文化环境

社会文化环境分析可以从教育状况、宗教信仰、价值观念、消费习俗这几个方面入手。

受教育程度的高低影响到消费者对商品功能、款式、包装和服务要求的差异性；不同的宗教信仰有自己独特的对节日礼仪、商品使用的要求和禁忌；价值观念的差异对商品的色彩、标识、式样及促销方式的看法也会有差异；不同的消费习俗对商品要求也会不同。

● 自然环境分析

自然环境的变化会影响消费者的购买需求，比如空气污染的加剧，对空气净化器的需求会增加，如果商业计划书的内容正是针对空气净化器这一产品的，那么就需要加入自然环境分析的内容。

● 科技环境分析

科技发展会促使消费者的购买行为发生改变，比如随着多媒体和网络技术的发展，网上购物、电视购物等购买方式被越来越多的人接受。另外，科技环境的发展也会使某些产品被淘汰，比如数码相机的出现抢夺了胶卷的大部分市场。如果科技环境的发展对产品生产或销售是有利的，那么在商业计划书中也要说明这一点。

案例：
××醋酸饮料商业计划书

如今，饮料市场仍是资本关注的热土之一，随着生活水平的提高，人们越来越关注健康生活。饮料市场结构也发生了变化，"绿色"饮料制品越来越受到推崇，市场潜力巨大。本节将以××醋酸饮料商业计划书为例来分析和点评商业计划书中关于行业分析的写作方法和注意事项。

行业分析与市场分析的区别在于，行业分析的范围更大，行业分析的研究对象是由许多同类企业构成的群体。在商业计划书中进行行业分析时，首先需对行业基本情况作简单的介绍。

范例节选

四、市场分析

（一）行业情况

本项目产品属于食醋及其衍生产品制造行业和保健饮品制造行业。

1. 食醋及其衍生产品制造行业

近年来我国国内食醋及其衍生产品制造行业的产出增长明显，由此带动了该行业的市场需求明显增加。截止到 2000 年，全国从事食醋及其衍生产品制造生产的企业已经超过 65 家，全行业职工人数 7 899 人，全行业销售收入总值 6.36 亿元，资产利润率 4.11%，净利润达到了 0.39 亿元。该行业仅是食品制造大行业中的一个小行业分支，就能达到如此的销售收入水平和利润水平已十分可观。因此若此项目产品能被较好地开发并占领市场，其前景将是不可限量的。

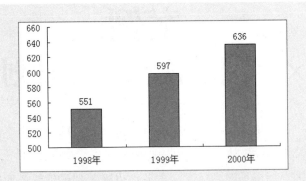

1998～2000年我国食醋及其衍生产品制造业销售收入比较

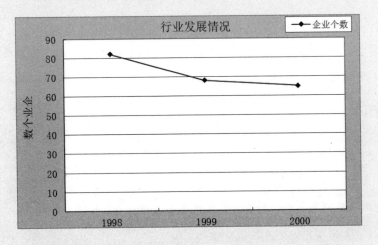

1998～2000年我国食醋及其衍生产品制造业行业发展情况

　　我们认为，我国食醋及其衍生产品制造行业今后的发展是可以预计的，但行业规范和市场秩序的建立和完善需要有一个过程和一定的时间。在此过程中，科学技术的发展将在推动市场进步和加速行业建立规范化运行方面起到很大的作用。因为科技是第一生产力，在食醋及其衍生产品制造领域里，科技必然是渗透到新工艺、新材料、新技术中的，使产品不断地更新换代，不断进步。

　　我国的食醋品种比较单一，主要是粮食醋，大多以大米、糯米、高粱、薯干、麸皮等淀粉类为原料，经过淀粉液化、糖化、酒精发酵、醋酸发酵等一系列复杂的工艺酿造而成。生产周期长，原料利用率低，还耗用大量的粮食。而果醋以果为主，不但风味独特，而且含有丰富的维生素、矿物质及较多的氨基酸和各种有机酸，对人体健康更有益处。因此，发展果醋生产具有明显的社会效益和经济效益。

首先，我国水果资源丰富，这几年出现了果农卖果难的局面，南方的柑橘、北方的苹果、梨生产地仅几角钱1公斤。由于盲目发展葡萄酒基地，葡萄也出现了过剩，主要原因是我国水果产业化水平低。同时，果农自栽、自管、自销，分散经营，缺乏市场分析和预测，造成资源过剩。因此，充分利用葡萄等水果资源，开发葡萄醋等果醋生产，以果代粮，既符合国家的产业政策，又部分解决了鲜果的销路问题。利用残次落果和葡萄酒加工的皮渣等下脚料，通过发酵制醋，更具有经济效益。虽然葡萄醋与葡萄酒相比价格低、利润小，但醋是人们日常生活离不开的调味品，如果能打开市场，销量将会很大。

其次，中国是世界上制醋最古老的国家，开发"果醋"是继承和发扬古老文化的举措。果醋保存了水果、果酒、食醋的多重营养，开发新一代的融营养、调味、保健功能为一体的果醋，无疑对促进国人健康具有一定作用，也符合人们对食品从温饱型转向营养、保健型的需求。

最后，开发果醋产品具有巨大的市场潜力。据统计，我国目前市场上的传统醋、保健醋、果醋其总产量为人均 0.91 千克/年，而日本人均为 7.88 千克/年，美国人均为 6.51 千克/年。我国人均年消费量仅为日本的 1/9，美国的 1/7。在上海、深圳、海口、广州等沿海开放城市，由于西餐菜肴和海鲜调料的需求，果醋紧俏，这些地区的超市货架上的"果醋"寥若晨星，因此市场需要填补空白。

进入 20 世纪 90 年代，发达国家如美国推出苹果醋，法国推出葡萄酒醋，英国则推出啤酒醋。作为传统的健康食品——"醋"，其需求量与日俱增。近来"果醋"尤受广大消费者青睐，究其原因，大家一致公认"果醋"是绿色食品。现代美容医学和功能食品专家的研究成果表明：果醋能美容，妇女饮果醋＋蜂蜜能使肌肤洁净、身体健美，还能防粉刺。此外，果醋中所含丰富的钾离子能促进体内造成高血压的钠离子排泄，而使血压降低，防止动脉硬化和冠心病。美国佛蒙特州人长期以来喜欢饮用玫瑰果醋和蜂蜜、山楂混合制成的佛蒙特饮料，因此该州长寿者众多，此外"果醋"果味浓郁、酸甜适口、口感极佳。本报告介绍的葡萄、苹果、梨、猕猴桃、山楂或混合果汁通过最新生物工程技术酿制果醋工艺技术的可行性，原料来源各地可因地制宜。

2. 保健饮品制造行业

2000 年饮品行业有企业 3 000 多家，完成各种饮品生产 1 300 万吨。其中，全部国有及年产品销售收入在 500 万元以上的非国有工业企业为 780 家，从业人员 13.7 万人，资产总额 492.1 亿元，全年产品销售收入 371.56 亿元，利润总额 17.57 亿元。同时该行业出口规模不断扩大，1999 年出口额为 3.33 亿美元，比 1995 年增长 26%。在前 10 大类饮品产量中，保健饮品以 2.9%的份额居第 7 位，其实现销售收入占整个饮品行业的 18.3%，居第 4 位。根据该行业的发展目标，在今后该行业将保持7%左右的发展速度，预计到 2010 年将达到 2 400～3 000 万吨的年产量，人均年消费量将达到 20 千克。

在饮品行业中，保健饮品制造业近两年来连续保持以两位数的发展速度增长，大大高于同期 GDP 的发展速度。据国家统计局发布的数据资料显示，截止到 2000 年年底，全国保健饮品生产厂家 63 家，从业人员为 1.83 万人，总资产规模已达到 62.86 亿元，完成销售收入超过 76 亿元，比上年增长 11.85%，继续保持着高速发展的势头；全行业实现净利润为 4.77 亿元，资产净利率和权益净利率分别达到 7.59%和 14.63%，大大高于其他行业，显示该行业投资报酬率很高，行业发展前景非常好。

从政策角度来看，该行业是与人民生活相关的行业，一直受到政策的鼓励，为该行业的发展给予了各种便利，吸引了大量外资的进入，在很大程度上更加促进了该行业在设备、技术、营销及管理等方面的发展，缩小了我国与国际同行水平的差距，促进了我国饮品行业的快速发展。

从全国范围来看，保健饮品制造业中收入最高的地区是江苏省，其所占份额已超过一半，达到近 2/3 的水平。其中徐州以 65.56%的份额稳居第一，其后依次是东莞（8.47%）、天津（4.71%）、阳江（3.99%）、上海（3.41%）、梧州（1.99%）、达州（1.92%）、桂林（1.21%）、广州（1.04%）和孝感（0.93%）。

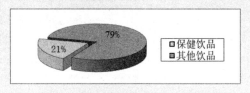

保健饮品在饮品行业中的比重图

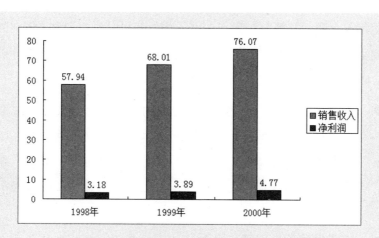

我国保健饮品行业 1998～2000 年的发展图

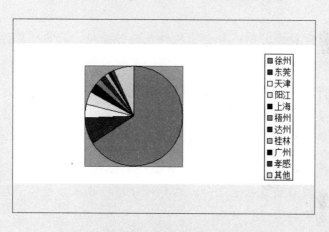

2000 年我国保健饮品主要分布地区图

点评分析

从范例节选的内容可以看出由于该产品的生成所属行业有两个，分别是食醋及其衍生产品制造行业和保健饮品制造行业，因此在进行行业情况介绍时介绍了两个行业。

对这两个行业的环境、行业格局、行业市场容量、政策等进行了分析，同时运用了大量数据资料。我们在进行行业分析时也要包含本例中的这些分析要点，同时运用数据资料来加以说明，下面来看看进行行业分析时应该包含哪些内容。

- **进行行业概述**：在进行行业分析时，应该就所处行业的全貌进行简单概述，包括行业规模、相关指标和行业格局等。

- **行业发展阶段分析**：大多数行业都会经历起步、成长、繁荣、稳定、衰落这样的发展过程，因此要分析该行业处于哪个生命周期。

- **行业发展历史回顾**：对行业的发展历程、行业发展的重大事件等进行分析。

- **行业特点分析**：对行业的特点进行分析，通常可从行业结构、行业周期性、行业竞争结构、生命周期方面进行分析。

- **行业政策分析**：针对不同的行业，会有不同的政策。政府的政策对行业影响是很大的。在进行行业政策分析时，要预测该政策下行业所面临的挑战和机遇。

- **行业发展趋势**：对行业发展趋势的分析通常是建立在政策分析、现状分析基础之上的。在对行业进行基本分析后，要对行业的发展趋势进行预测。

提示

行业分析并没有固定的分析模式，它常常会和市场分析相结合，在分析时要认识到行业的发展是一个动态的过程，会受到多种因素的影响，可采用多种方法和数据进行辅助分析。

案例：
××食品公司商业计划书

在进行行业分析时，可以使用波特五力模型分析一个行业的基本竞争态势。下面来看看××食品公司商业计划书中利用模型来进行行业分析的内容。

范例节选

精彩案例展示

二、波特行业五力模型分析

根据波特的行业五力模型分析，得出××食品有限公司的行业五力模型整体描述如下图：

【潜在进入者】
具有一定的技术壁垒，潜在的进入者将较少且力量薄弱。

【供货商的力量】
对原料不具备控制力，讨价还价能力弱。

【现有企业间的竞争】
竞争对手处于整体弱势，表现在转悠技术、产品性能价格比及市场份额等方面。

【购买者及商场】
公司在这方面处于被动，应改为买方市场。

【替代品】
同行业竞争对手生产的保健品对我公司的某些产品产业替代效应。

五力模型的具体内容：

1. 现有企业之间的竞争

目前，由于我国刚出台行业标准（全国共用十家机构参与此标准的制定，我公司是其中之一），市场正处于初期无序状态，而××已经转入了标准的执行状态，在市场中处于有利地位。

生产同类产品的国内其他厂家主要是一些小厂，年生产规模都在100吨以下，市场占有率很低，而且由于原料、技术和标准等原因导致他们生产出来的产品质量较差，根本不能满足消费者的要求。再加上目前国内中、小城市的市场处于供不应求的状态，各生产厂家正处于一个建立新品牌的特殊时期，由此各家的产量和质量连自己身边的市场需求都不能满足，所以根本无心去侵占别人领域，更谈不上竞争。因此，对××和××产品而言，能够构成威胁和竞争的对手目前可以说不存在。

目前，公司生产的××和××产品几乎垄断了整个深圳市，并且在广东省占据了重要的市场地位。以公司2003年的产量600吨测算，××糕点占全国糕点产量的8%以上。根据《行业市场调查》的报道，在产量、质量和利润等方面的综合考核结果显示，"××"品牌已成为国内糕点市场的第五大品牌。当前公司正努力巩固和提升××在全国各大省市所占的市场份额。

2. 潜在进入者

由于该行业的产业化进程刚刚开始，行业的技术壁垒对行业内的企业存在一定的保护性。对行业外的企业来说市场存在一定的技术等风险，短期内不会有很多大企业或持有国际资本的企业进入该市场，但由于行业利润较高，也会吸引一些企业冒险进入。从目前的发展态势来看，我们未来主要的潜在竞争对手有如下几家：

（1）A食品公司

A食品公司是一个生产糖果及休闲食品的企业，拥有一个全国性的营销网络，将来可能会向焙烤食品方面发展，成为我公司的竞争对手之一。

（2）B食品公司

B食品公司以生产焙烘食品、米饼和糖果系列为主，营销网络也是遍布全国。将来该企业的经营和其产品的研发都会朝着糕点行业发展，所以也有可能成为我公司的一个竞争对手。

（3）C食品公司

该公司的核心竞争力在于拥有一个全国性的营销网络，核心产品为米面制品，可以肯定该公司发展达到一定程度，也会向糕点行业进军，所以在未来亦有可能成为我公司的竞争对手之一。

3. 替代品

目前国内市场上一些生产食品的企业，在某种程度上是我们公司的竞争对手，但由于产品存在技术壁垒和市场风险等原因，他们不敢生产糖果和糕点产品。因为这些公司如果生产，则在成本、技术等方面不占优势，所以他们不能对我公司的糖果、糕点等产品的市场构成威胁。但是在中秋节等节日期间，这些公司会大力推广其保健品，在短时内将会吸引部分消费者购买其保健产品，即有可能在短时期内对我公司的某些产品产生替代效应。

4. 供应商的力量

产品主要原料和包装材料在市场不存在稀缺问题，并且可以作为供应商的单位有很多。我公司的生产规模较大，相应的对原料等的需求量较大，所以已经形成了买方市场，并且××和××系列的生产采购批量很大，所以我公司很容易寻求较为固定的外围供应合作伙伴，并在贸易中占据主导地位。

5. 购买者和商场的力量

由于糕点行业的产品品种较多，现已形成购买方和商场在选择、采购时的机会较多，并且目前已形成生产企业大都依赖于商场作为主要销路的局面，所以在这方面，公司竞争的实力较弱。但由于"××"已成为了一个知名品牌，在品质上胜出一筹，并且拥有大量稳定的消费群，这又保证了××在和购买者、商场的"较量"中具有较强的讨价能力。

总结市场竞争情况，我们可以得出如下结论：目前在市场上还不存在占有主导地位的厂商和产品，这已经为××产品取得市场垄断地位创造了良好的前提条件。××作为一个不断完善的强势品牌，其产品鲜明的"健康、安全"概念和品质，先进、独特的设备、技术优势，很高的市场知名度和美誉度等，都使得××公司在竞争中的优势十分明显。

点评分析

从范例节选的内容可以看出使用五力模型进行行业分析时，分析了 5

个方面的内容，分别是现有企业间的竞争、潜在进入者、替代品、供应商的力量和购买者及商场。本例对这 5 个方面进行了详细的分析，并用模型图表示出来。之所以会分析这 5 个方面的内容，是因为波特五力模型认为行业中存在 5 种竞争力量，分别是现有竞争者、潜在的加入者、替代品、购买者和供应者，具体的分析方法如下。

● 现有竞争者

在行业中现有的竞争者为了抢占市场常常会展开激烈的竞争，他们之间的竞争表现在营销活动、产品价格、售后服务和产品质量等方面。现有的竞争者有时还会发起进攻性的竞争行动，来削弱其他竞争者的竞争力。

● 潜在加入者

潜在加入者是指行业中的新进入者，这些新进入者会与现有企业就原材料、市场份额展开竞争。这种竞争导致的结果可能是公司盈利水平降低，利润减少等。

● 替代品

替代品的出现会给公司产品带来竞争，这种竞争可能会影响行业中现有企业的竞争战略。面对替代品所带来的竞争压力，现有企业只得采取提高产品质量、降低价格和降低成本等措施来迎接这种竞争。

● 购买者

购买者在购买产品时会进行议价，如果购买者的购买能力足够大，那么就会拥有较大的议价空间。这时，购买者可通过要求降低价格、提高产品质量等来影响公司的盈利能力。

● 供应者

对现有企业需要的原材料，供应者会要求提高价格，或增加购买数量来提高现有企业的生产成本，从而导致降低现有企业的盈利。如果现有企业所需的原材料是不可或缺的，且这种原材料占该产品的生产成本的比重较大，那么这种影响力量就会大大增强。

我们在使用波特五力模型进行行业分析时，也可以将波特五力模型用模型图表示出来，常用的模型图如图 2-1 所示。

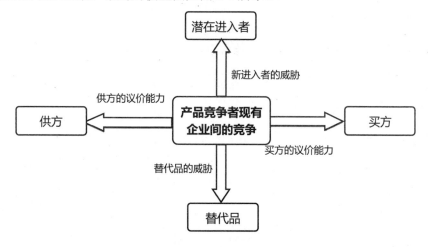

图 2-1　波特五力模型

案例：
××酒类商业计划书

在酒类市场中，行业的市场化程度较高，各企业之间的市场竞争也很激烈，随着人们生活水平的提高，消费者对酒类产品的需求也更加多样化。

面对酒类市场目前的竞争状况，在商业计划书中就要对这部分进行分析，让投资人明白产品具有优势、市场占有率和发展空间等。本节将以××酒业商业计划书为例来分析商业计划书中竞争状况的写作要点。

找出你的对手

每个企业都有自己的竞争对手，只有对竞争对手进行调查，知己知彼才能百战不殆。在撰写商业计划书时许多制作者常常会低估市场中的竞争者，在对竞争对手进行分析时草草了之，甚至认为没有竞争对手。

但是有经验的投资人却不认为企业没有竞争对手。对竞争对手进行详细了解和分析会让投资人认为企业对市场真正进行了调查，也有足够的实力经营这一项目。下面来看看××酒业商业计划书中关于市场综述的内容。

范例节选

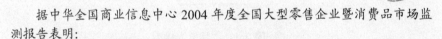

一、市场竞争综述

据中华全国商业信息中心 2004 年度全国大型零售企业暨消费品市场监测报告表明：

市场综合占有率前十个品牌：长城/张裕/通化/王朝/威龙/新天/玛丽/池之王/香格里拉/白洋河；

2004 年三大干酒品牌的市场份额为近 68%。他们各自的销售额和所占市场总量的比重如下表：

品牌	销售额（亿元）	市场比重（%）
张裕	26	35.7
长城(华夏/烟台/沙城)	14.8	20
王朝	9.4	12.7

据全国中华商业信息中心的有关统计资料显示：

在华北地区市场长城以 28.52%的市场综合占有率位居第一，张裕、威龙、北京丰收、百年、中华、通化、王朝、宁夏红、杞浓紧随其后。

在华东地区市场张裕以 26.65%的市场综合占有率位居第一，王朝、长城、威龙、华东、池之王、华泰、香格里拉、新天紧随其后。

在东北地区市场通化以 14.64%的市场综合占有率位居第一，长城、张裕、王朝、威龙、嘉士紧随其后。

在中南地区市场长城以 36.34%的市场综合占有率位居第一，张裕、王朝、本企业、玛丽、通化、白洋河和威龙紧随其后。

在西南地区市场长城以 42.97%的市场综合占有率位居第一，张裕、本企业、威龙、王朝、中华、富豪、香格里拉紧随其后。

在西北地区市场西夏红以 21.15%的市场综合占有率位居第一，宁夏红、张裕、杞浓、王朝、长城、蒙古王、玉马、本企业和楼兰紧随其后。

资料显示：老三强张裕、长城、王朝的市场依然比较稳固，2005 年上半年共占有市场份额 61%。而威龙和香格里拉是未来不可忽略的竞争对手。

2005 年上半年市场份额分布情况，如下图所示。

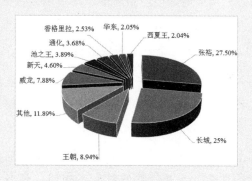

点评分析

竞争分析既是给投资人看的，也是给企业自己看的。本例中，竞争性分析的第一部分内容介绍的是市场竞争综述。在竞争对手分析用表格列举了三大干酒品牌的销售额和市场比重情况，用饼图分析了 2005 年上半年市场份额分布情况，从这里可以看出这个市场主要被张裕、长城、王朝、通化等企业占有。

实际上在一般市场中，市场也常常被几个大公司所瓜分，而本例中在分析竞争对手时也主要集中在几个大企业上。我们在分析自己的企业时也要先从行业领先者开始分析，并且提供真实详细的资料，使投资人相信项目的可实施性，并且可以树立良好的企业形象，具体分析过程中可以从以下几个因素着手。

- 说明处在行业领先地位的企业各自销售额所占的百分比，各自产品所占市场比重，以及市场占有率的趋势，是增加还是减少。

- 说明哪些公司在行业历史中占有过领导地位。

- 说明过去 3 年或 5 年等历史中哪些企业的销售额在稳定增长。

- 说明在市场中，整体的竞争程度是在增加还是减少。

上述因素的研究结果最好使用图表展示，可以使数据一目了然，本例中同样使用了图表。在具体分析过程中，可能某些企业无法找出自己的竞争对手，我们可以使用以下 4 个方法来找出自己的竞争者。

- **从产品入手**：销售同类产品或服务的企业就是你的直接竞争对手，这种竞争对手可以叫作同业竞争对手。销售非同类的产品但属于可替代的产品也是竞争对手。

- **从顾客上入手**：产品所满足的目标顾客是相同的，那么该企业就是竞争对手，如果销售的对象不相同，那么这样的对手不能称之为竞争对手。

- **从营销资源入手**：如果企业之间在广告、促销、市场推广上都存在竞争行为，那么他们之间就存在竞争关系。

- **从定位入手**：定位在同档次的产品通常都是竞争对手，产品定位可以分为高档、中档、低档。

对一个企业来说竞争对手并非是固定唯一的，它具有变化性，在市场中随时有新的竞争对手进入也有老的竞争对手退出，在商业计划书中也要指出那些可能存在的竞争对手。

分析你的竞争者

在对竞争对手进行占有率、销售额等进行数据分析后，还需要简单描述这些竞争对手的基本情况，对这些竞争对手进行分析，来看看该商业计划书竞争者分析部分内容。

范例节选

二、竞争者分析

1.张裕

（1）在2004年宣布投入3000万元扩充种植基地；

（2）继续为"张裕解百纳"正名；

（3）2004年，以"网络制胜"、"产品无处不在"为市场理念，分类分区建立终端销售网络，以在商超、酒店的大面积进店铺货来全面提升市场占有率；

（4）2004年，加大对主打产品解百纳的品牌宣传，加大户外广告及与消费者现场互动的力度，以品牌传播为手段开发新的潜在目标消费群；

（5）2004年，拥有1000余人的市场销售队伍和2000家以上的代理商队伍，形成了覆盖全国所有发达县级以上市场的销售网络。其产品进入了国内500多个大中城市的5万家商场和3万家酒店；

（6）其产品的综合市场占有率，在国内同行业中连续数年保持第一；

2.长城

（1）中粮旗下的三家酒业公司在2004年的表现都较为平稳。其中华夏长城和烟台长城较为活跃。华夏长城干红2004年在全国市场销量超过300万箱，单厂产销量居全国第一，其出口销量已连续15年居全国首位；

（2）区酒的推出则表明了华夏长城企图占领高端市场；

（3）中粮酒业投资额达 1.38 亿元、占地 6 000 多亩的葡萄园在山东烟台蓬莱南王山谷落成；

（4）烟台长城成为中粮酒业三家公司里唯一一个推出酒庄酒的企业。

点评分析

本例中我们只列出了该商业计划书中关于竞争者分析的前两个企业的内容。从中可以看出这部分主要介绍了竞争对手的一个发展历史。我们在撰写商业计划时可以简单介绍竞争对手的基本信息，还可以使用表格对其进行分类比较，如表 2-2 所示。

表 2-2　竞争者比较

对比项目	竞争对手 A	竞争对手 B	竞争对手 C
主流产品	葡萄酒、白酒	白酒	白酒
销售方式	网上销售、直销	直销、经销商制	直销
产品价格	48～588 元	38～688 元	58～298 元
常用促销活动	特价销售	买一送一	买二送一
当地餐厅加价率	80%	60%	70%

为了更加全面地对竞争者进行分析，在对竞争者进行分析时可以参考以下的内容进行分析。

● **竞争者的目标分析**：一般包括竞争对手的经营理念、竞争者财务目标、竞争者的业务发展目标。其中，财务目标可以使用市场占有率、获利能力和销售增长率等指标进行说明。

- **竞争者的组织结构**：包括竞争者高层的背景和经历、竞争者的职能结构、员工的激励措施和培养要求等。

- **竞争者的战略**：包括竞争者的产品策略、渠道营销战略、发展战略、研发战略、生产战略和价格策略。

对竞争对手的信息进行收集整理是进行竞争者分析重要的基础工作。获取竞争对手信息的渠道有竞争者的年度报告、各种报纸和杂志、行业出版物、竞争者广告、市场调查、供应商等。收集到大量竞争对手的资料后，还应建立完善的竞争对手分析数据库，以便在撰写商业计划书时可以充分、及时地使用。

说明你如何阻碍竞争者

阻碍新的竞争对手进入市场是投资人比较关心的重点，这是因为一个企业阻碍竞争对手进入市场的能力越强，那么该企业就越能确立核心竞争优势。

范例节选

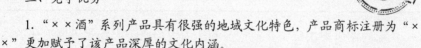

三、竞争优势

1. "××酒"系列产品具有很强的地域文化特色，产品商标注册为"××"更加赋予了该产品深厚的文化内涵。

2. 在瓶型设计和外包装上采用了最新现代工艺，瓶体采用高档瓷瓶，依托于中国瓷都景德镇的悠久瓷文化。专业的酒瓶生产，特别是瓶体的表面图案，采用人工手绘制成，具有很高的鉴赏价值和收藏价值。在中国用瓷瓶装酒已有多年，但真正能做到使酒文化和瓷文化有机结合的尚无一例，如今我们自豪地宣称我们做到了。

3. "××"酒是名酒、名瓷、名家有机结合的产物，"××实业"卖的不仅仅是酒，更依托于赣文化的丰富内涵。××实业将倾尽全力把"××"酒打造成为江西第一酒，江西第一文化酒。

点评分析

从范例节选内容中可以看出该酒类产品具有商标注册、使用最新现代工艺及丰富的文化内涵这 3 个优势，这 3 个优势可以成为竞争者进入市场的一个阻碍。我们在商业计划书中撰写这部分内容时，可以从以下几个方面入手，如表 2-3 所示。

表 2-3　撰写商业计划书的几大竞争优势

撰写方面	对应内容
专利	专利是指专有的利益和权利，它有很重要的占领和保护市场的作用，企业如果拥有专利权，就相当于在市场上具有了独占权，会相应提高企业经济效益
产品技术难度大	如果公司自己的产品本身需要较大的技术含量,这就会使竞争对手难以复制该产品，从而阻止竞争对手进入市场
控制原材料	如果企业控制了产品的基本原料的来源,那么新的竞争对手也很难进入市场
市场已饱和	如果市场已经饱和那么新的企业也很难再进入
规模较大	企业规模较大，拥有巨额的启动资金，会阻碍规模不大，资金也不多的小公司进入市场

企业的竞争力决定了企业的盈利能力，但由于市场是不断变化的，所以对现有市场进行了分析以后，投资人还想知道未来市场格局是怎样的。投资人可能更担心初创公司产品的未来的竞争力，由于初创公司缺乏历史业绩的参考，因此更需要在商业计划书中对未来的市场竞争变化趋势做一个科学的预测。在分析时，可以从以下两方面入手。

● **竞争对手未来目标**：分析竞争对手的未来目标，衡量自身未来目标的实现程度，以及竞争对手未来可能的发展变化。

● **企业环境分析：** 预测未来企业经营环境哪部分会发生变化，比如未来行业前景、未来是否有好的机遇、国家政策是否会有扶持等。

写作提示

市场前景广阔，具有竞争优势的产品是打动投资人的关键因素，因此商业计划书中需要对行业和市场进行分析。在撰写行业和市场分析时，有些注意事项需要特别注意。

在撰写商业计划书时如果不重视行业和市场的分析，很可能会使计划变得糟糕。在撰写过程中，可以运用一些科学的分析方法，让分析更简单，下面来看看如何做好行业和市场分析及撰写这部分要注意哪些问题。

运用 SWOT 分析

SWOT 分析法是用来确定企业自身的竞争优势、劣势、机会和威胁，从而将公司的战略与公司内部资源、外部环境有机地结合起来的一种科学的分析方法。

SWOT 分析中的 S 代表 Strength（优势），W 代表 Weakness（弱势），O 代表 Opportunity（机会），T 代表 Threat（威胁）。其中，S、W 是内部因素，O、T 是外部因素。我们可以将 SWOT 分析制作成图形样式，如图 2-2 所示为某商业计划书 SWOT 分析模型图样式。

内部环境 / 外部环境	优势（Strength）	劣势（Weakness）
内部环境 外部环境	1. 原材料丰富 2. 用途多 3. 价格适中 4. 可做药品也可作为保健品	1. 受天气影响大 2. 竞争激烈 3. 资金不够充足 4. 组织能力薄弱
机会（Opportunity）	SO 战略——增长型战略	WO 战略——扭转型战略
1. 行业发展潜力巨大 2. 消费人群多	1. 扩大消费群体 2. 增加产品的种类 3. 价格适中 4. 了解竞争者	1. 做好三七的初步加工 2. 减少库存挤压 3. 让资金加快回笼
威胁（Threat）	ST 战略——多种经营战略	WT 战略——防御型战略
1. 竞争激烈 2. 受天气的影响很大	1. 形成良好的营销理念 2. 加强营销方法，促进发展	1. 打造品牌效应 2. 充分了解市场以满足消费者的需求

图 2-2　SWOT 分析模型图

除了可以采用图 2-2 所示的模型图样式，还可以制作成矩阵进行分析，如图 2-3 所示为某商业计划书 SWOT 矩阵图样式。

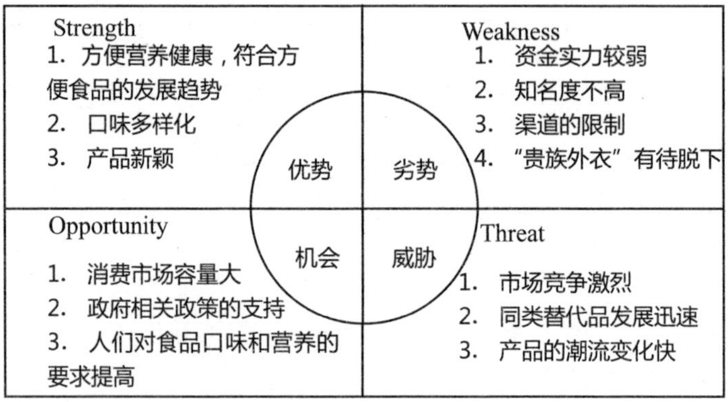

图 2-3　SWOT 矩阵图

如何做好行业和市场分析

行业和市场分析是商业计划书的基础，通过前面的了解我们已经知道分析的基本方法，在具体的撰写过程中还要把握一些细节。

（1）如何让数据锦上添花

数字常常是最具有说服力的，而投资人也喜欢看数字和图表。在撰写商业计划书时我们会收集大量数据，但是并不是所有数据都需要被展示出来，重要的是将与产品直接有关的数据，比如微观市场数据、力所能及的市场的数据。在处理和分析数据时还会使用到一些数据分析的方法，常用的数据分析方法如下。

● **对比分析**：是指将两个或两个以上的数据进行对比分析，对比其中的差异，对比可以横向分析也可以纵向分析。

● **结构分析法**：是指将研究对象各组成部分与研究对象的总体进行对比分析，即分析总体内各部分所占的比重，它可以揭示总体各个组成部分的变动趋势，研究总体结构变化过程。

● **分组分析法**：是指按照数据的特征，将数据分成不同的组进行分析。

除了上述常见的分析方法外，还有交叉分析法、漏斗图分析法、矩阵关联分析法可以使用。

（2）如何获取市场相关报告

在撰写行业和市场分析时会使用到行业市场规模、市场竞争及市场走势等相关资料，这些资料如果个人去调查收集再分析，会浪费很多时间并且也不一定准确，这时可以使用一些数据分析机构发布的权威市场发展报告。

"私募通"（http://www.pedata.cn/）是清科集团旗下专注于中国创业投资暨私募股权投资领域的金融服务终端。清科研究中心致力于为众多的有限合伙人、VC/PE 投资机构等提供专业的信息、数据、研究和咨询服务，在私募通的官方网站上可以获取许多有用的报告，图 2-4 所示为获取的盘点 2015 年京东、阿里引领的股权众筹元年的报告。

图 2-4　与众筹有关的报告

如何获取权威数据

我们知道在进行行业和市场分析时会使用大量的数据，这些数据不能随便捏造，而要以第三方权威数据发布的数据和实际调研数据为准。行业和市场分析所使用的数据一般都是比较宏观的数据，这些数据通常不需要自己专门去调查得知，通过专业、权威的网站便可查询到，比如前瞻网、国家统计局官方网站等。下面来看看如何在前瞻网查找相关数据。

Chapter 02

—— 食品、酒业和饮料类商业计划书 ——

Step01 进入前瞻网数据首页（http://www.qianzhan.com/qzdata/），选择要查看的数据类型，比如单击"市场数据"超链接。

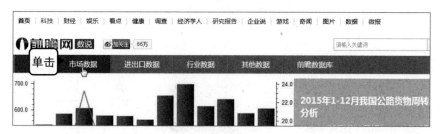

Step02 在打开的页面中选择要查看的行业大类，比如单击"零售及快消品"超链接。

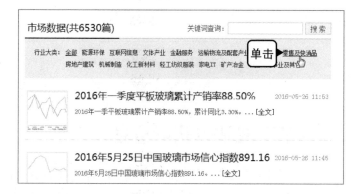

Step03 在打开的页面中单击要查看的数据名称超链接。

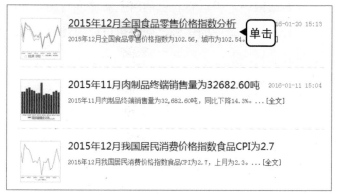

Step04 在打开的页面中即可查看到数据详情。

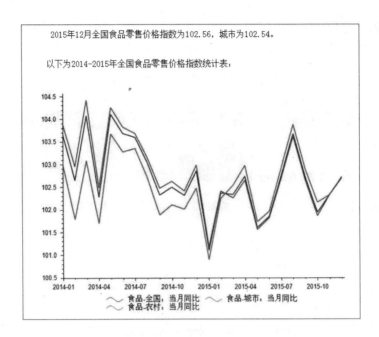

2015年12月全国食品零售价格指数为102.56，城市为102.54。

以下为2014-2015年全国食品零售价格指数统计表：

如何从竞争对手网站中获取信息

许多食品公司都拥有自己的网上商城或网站，有些食品公司甚至只有自己的线上商城而没有线下实体店，在商业计划书中分析此类竞争对手时就可以从网上商城或网站入手。将自己的网上商城或网站与竞争对手的网上商城或网站作对比找寻企业的优势，同时也可以通过网站的分析进一步了解竞争对手的情况。

首先，可以使用站长工具来对比分析网站的权重，下面以淘宝商城为例来看看具体应该如何操作。

Step01 进入站长工具首页（http://tool.chinaz.com/），①在搜索框中输入淘宝网域名"www.taobao.com"，②单击"百度权重"按钮。

Step02　在打开的页面中可以查看到网站关键词的PC指数、移动指数及360
指数等信息。

关键字	整体指数	PC指数	移动指数	百度排名	收录量	网页标题
淘宝	441008	317368	123640	第1	31900000	淘宝网 - 淘!我喜欢 首页
淘宝网	149125	83755	65370	第1	16200000	淘宝网 - 淘!我喜欢 首页
taobao	7637	9	1818	第1	49500000	淘宝网 - 淘!我喜欢 首页
手机淘宝	7326	645	6681	第1	7000000	淘宝网 - 淘!我喜欢 首页
淘宝网官网首页	7000	6699	301	第1	2300000	淘宝网 - 淘!我喜欢 首页
淘宝下载	6838	475	6363	第1	4120000	淘宝网 - 淘!我喜欢 首页
www.taobao.com	5293	1655	3638	第1	380000	淘宝网 - 淘!我喜欢 首页
淘宝网首页	4666	1606	3060	第1	11000000	淘宝网首页- 淘!我喜欢 首页
天猫淘宝	4308	60	4248	第1	12400000	天猫淘宝店 - 淘宝网 - 淘!我喜欢 首页
tb	3806	2449	1357	第1	12100000	淘宝网 - 淘!我喜欢 首页
淘	3230	395	2835	第1	13900000	淘宝网 - 淘!我喜欢 首页
淘宝网登录	2852	69	2783	第1	818000	淘宝网 - 淘!我喜欢 首页
淘宝网首页官网	2752	2392	360	第1	4760000	淘宝网 - 淘!我喜欢 首页
淘宝网下载	2630	220	2410	第1	1300000	淘宝网 - 淘!我喜欢 首页

在查询结果中，PC指数表示用户在电脑端的搜索量，移动指数是指用
户在移动端的搜索量。收录量是指百度搜索数据库对于每个网站网页快照
的收录数据，反映了一个网站的内容和地位。

查询到竞争对手网站的百度权重数据后，这时可以查看自己网站的百
度权重数据并进行对比，比如将淘宝网与京东商城网站进行比较，如图2-5
所示。

图 2-5　淘宝网（左）与京东商城（右）对比

如果自己的网站搜索量高于竞争对手的网站，在商业计划书中就可以将这一优势展示出来，如果优势不明显，可以写明未来会采取怎样的措施来超越竞争对手。

除了可以使用站长工具分析竞争对手的网站权重外，还可使用站长工具分析竞争对手网站关键词的排名情况、链接结果等。比如在 5118 网站上可以进行 SEO 分析，查看网站的百度 PC 排名趋势、百度移动排名趋势及 360 搜索排名趋势等，图 2-6 所示为查看到的优酷网 SEO 分析报告。

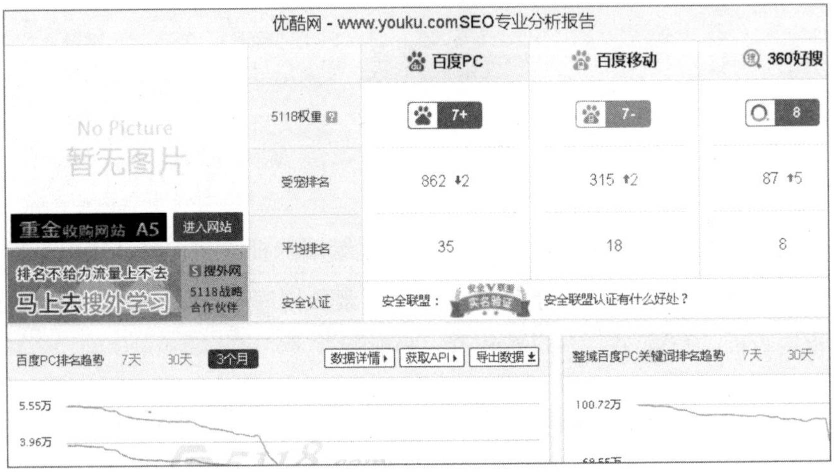

图 2-6　优酷网 SEO 分析报告

第 3 章

网络、投融资类
商业计划书

随着中国经济进入"新常态"，互联网的普及率在持续上升，互联网行业持续引领机构投资热潮。金融市场也在这一大环境下保持稳步增长，各种投资理财公司、担保贷款公司不断地发展扩大。

案例：
××网站商业计划书

根据中国互联网络信息中心 CNNIC 发布的第 42 次《中国互联网络发展状况统计报告》显示，截至 2018 年 6 月 30 日，中国网民规模达 8.02 亿人，互联网普及率为 57.7%；手机网民规模达 7.88 亿人，占比提升至 98.3%。

显然，互联网已经成为我们生活的一部分，许多公司也纷纷开始搭建自己的网络平台，下面我们以××网站商业计划书为例，来看看此类商业计划书的写作要点。

产品或服务要包含这些内容

商业计划书中的产品或服务部分是对产品或服务性能、技术特点的介绍。这一部分的内容比较容易因为对产品技术的介绍过于专业和生僻，以致占用过多篇幅。实际上，这部分内容在写作中要做到的是让投资人读懂，并且只需讲清楚产品情况即可，下面来看看××网站商业计划书关于项目介绍的部分内容。

范例节选

第二章 项目介绍

2.1 项目名称

××网，国际域名： www.×××.com（网站开发中）

2.2 项目背景

1. 虽然受全球金融危机的影响，但中国经济的基本面较好，GDP 在未来一段时间内可以保持8%的增长速度。

2. 互联网发展迅速，互联网用户大幅度增加，网上消费市场不断膨胀。

3. 国家重视网络教育发展，加强其宣传力度并大力推广之。

4. 信息安全技术逐渐成熟，信用体制逐步完善。

5. 社会竞争日益激烈，而增强竞争力的一个重要手段就是教育。

6. 教育领域风险较小。

2.3 项目内容

本项目由一个互联网网站和用户桌面程序组成，它将社交网站、人脉管理网站、地图应用、在线日程网站、远程教学网站、教学资源网站、问答系统、交易网站、威客网站、博客网站、在线娱乐等网络应用形式以人的发展为逻辑线索进行串联整合，具备了"角色扮演+模拟经营+养成教育"的网络游戏的特征。平台的应用将用户的学习、生活、交易和发展进行整合，将网站现实应用操作映射为游戏操作。

一个用户，假如他从学生时代开始就注册成为本平台的用户，那么他可以在本平台内进行诸如博客、照片、交友、群组、聊天、问答、新闻、听音乐、日程等常规应用操作，这些积分可作为将来进行的增值应用（学习、教学、服务、产品交易）积分。

假设该用户已经获得了可观的积分额，处于学生时代的他，可以使用积分邀请他心仪的教师（师傅）为他讲授某个学科某个章节某个级别的知识。这时，学习对于积分增长会产生控制，如果一周内没有运用学习软件进行学习操作的，积分增长到一个数值后不再增长，同时他也无法获得升级。学生家长和老师可以很直观地从用户的积分分布（形象、友好、人脉、学识、贡献、管理）了解到用户的网络应用、学习发展状况，而用户空间内的私人内容信息可以是隐藏的。

本平台是 Web2.0 应用的革命性创新，可望引领 Web3.0 的应用潮流，成为用户终生学习、发展的综合型互动应用平台，成为用户桌面和手持移动终端的必备工具之一，网站应用功能见下图。

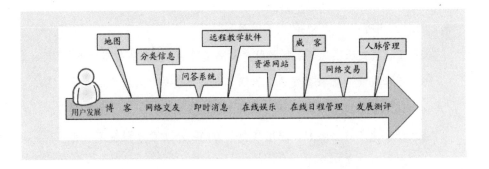

点评分析

从范例节选的内容来看，我们可以知道该项目旨在建立一个网站平台，这个平台将各种网络应用进行结合，具备角色扮演、模拟经营、养成教育网络游戏的特征。用户可以在平台内进行博客、照片、交友、群组、聊天、问答、新闻、听音乐、日程等常规应用操作。为了让阅读者更直观地了解该网站平台的应用功能，商业计划书使用了图示来进行展示，让产品看起来更立体，更容易理解。

在这部分内容中可以看出对产品的概念、背景、性能和特征进行了简单介绍，同时它用通俗易懂的语言解决了产品是什么、用户能从中获得什么、提供什么服务等问题。由于这只是节选的部分内容对产品和服务的介绍并不完整，在实际写作中，关于产品和服务的部分通常包含以下的内容。

- **主要产品的介绍：** 一个项目可能会提供多个产品或服务，在介绍时要将主要的产品展示出来，并说明该产品或服务的名称、性能及特征等。

- **产品的开发过程和研究：** 有些产品会有研究和开发的过程，比如软件项目通常会经历软件系统分析、设计、编码和测试的开发过程。如果该产品存在研究和开发过程，那么在产品介绍中也要包含这部分内容。

- **产品的市场竞争力和前景预测**：这部分可以在产品和服务内容中进行讲解，也可以在介绍行业分析和竞争力分析时进行阐述。

- **产品的品牌或专利**：如果产品拥有品牌或专利，这一点一定写入商业计划书中，它可以体现产品的先进性和独特性。品牌或专利的描述可以包括公司现有的和正在申请的知识产权（专利、商标、版权等）、专利的申请情况、产品商标的注册情况等。

- **产品的生命周期**：产品的生命周期是指产品的市场寿命，产品在进入市场后会经历诞生、成长到成熟，最终走向衰亡的生命过程，这个过程用生命周期表示为导入期、成长期、成熟期和衰退期。

- **产品售后和技术支持**：有些产品的出售并不是一次性的，需要公司提供售后服务和技术支持，这类产品在介绍时要写明产品的售后服务网络和技术支持。

- **产品标准**：对于有技术规定的产品来说，需要写明产品标准，包括产品结构、规格、质量和检验方法。

- **生产、储运或包装**：对有生产、储运和包装需要的产品来说，需要写明产品的生产手段、所需原料、储运服务及包装等。

重点阐述产品的特性

在产品或服务的内容阐述中，产品的特性是其中比较重要的内容。产品特性可以体现在产品的性能、外观、材质等方面，产品的每一个特性都能吸引不同的消费者。在商业计划书中准确地说明产品特性可以让投资人了解到产品对顾客的吸引力及其具有的竞争力。下面来看看××网站商业计划书关于项目特点介绍的部分内容。

范例节选

2.5 项目特点

××网整合了传统的和主流的 web 应用形式，将严肃性与游戏性、虚拟性与实用性、感性与理性融为一体，并直接延伸至用户桌面和手持终端，以推动人的现实发展为目标，超越了当前已有的互联网应用形式，并形成了独特的用户应用发展模式，可望成为个性化学习的样板应用和学校教育的积极有益的补充。

1. 用户的网络更新互动应用操作有价值

用户在网站空间内进行的更新互动操作，如发表日志文章、好友间互动操作等是有价值的，用户客观上为网站内容和人气形成贡献，可以获得相应补偿。平台根据一定的积分细则，将用户在平台内的努力转换为用户使用平台增值服务时的积分。

2. 用户之间的关系高度拟真

用户在平台内根据现实发展逻辑，同步地在网站上进行日程更新、学习活动和计划、服务发布、产品销售、张贴需求、报告新闻等与现实需求相同的应用；同时用户之间根据某种类型的相似性或互补性结成好友，已结成的好友关系会随着实际交互行为而呈现变化，既可能会由于交互密切使得友好度逐步升级成为密友，也可能由于长期缺乏沟通交流而自动断开关系；同样地用户加入群组后与群组的关系也会随着群内交互活跃程度呈现出升级或脱离的变化。这样，用户在网络世界的互动行为不再只是消磨时间，而是现实资源积累。

点评分析

在范例节选中可以看到两点产品特性的描述，包括用户的网络更新交互应用操作有价值、用户之间的关系高度拟真，这两点说明了产品的可操作性、实用性和互动性。

不同的产品，产品特性是不同的，我们在描述这部分的内容时可以从以下方面入手。

- *产品的功能*

- *产品的外形和质量*

- *产品的组成*

- *产品的价格*

在描述产品特性时可以突出以下几个方面的内容。

- **产品的创新性:** 如果产品或服务本身具有创新性,这时就可以将这一优势展示出来,并将这点与竞争对手进行比较。

- **产品的价格:** 在产品定价合理的基础上,如果产品的价格有一定优势,那么也可以突出这部分。

- **产品的功能特色:** 相较于其他产品而言,如果公司产品在功能上有一定特色那么也要突出展示。

提示

在介绍产品时,如果能提供产品的图片,那么最好将产品图片也展示在商业计划书中,图片能让投资人对项目加深印象。

介绍你的产品或服务规划

在描述清楚产品或服务的特征后,还要写上准备什么时候开始生产及怎样生产这些产品或提供这些服务,许多投资人都不喜欢"只说不做"的商业计划书。下面来看看某大学城网站商业计划书中关于产品规划的内容。

范例节选

精彩案例展示

3.2 网站建设分四个阶段实施。

第一阶段:前期准备阶段(2007年9月至2008年2月)。

这个阶段我们的主要任务是开发网站整体平台,联系一类优势产品(注:

这类产品学生使用集中，销售数量大）生产厂家并与之达成共识，签订产品销售协议。

第二阶段：第一运营阶段

进入网站运营实施阶段，这一阶段我们将以 15 个分站为中心，每个分站由总部派一个总的全职管理人员进行管理与开发。这个管理人员的主要工作是：

（1）负责联系送货人员 1~2 人，负责送货。

（2）为网站每个板块从大学城在校学生之中找到兼职人员，负责网站的维护和网站板块的定期更新。

（3）进行网站宣传，联系当地媒体进行网站的广告宣传，同时寻找在校兼职学生进行网站广告的派发和粘贴。

第三阶段：第二运营阶段

在网站宣传达到一定效果，网站基本被接受，网站经营业绩快速增长的前提之下，规划体验店建设和增加产品种类。

（1）体验店功能：展示网站上能够购买的产品实体，使学生能对所购买的产品有实体的接触，更加了解产品质量。

（2）体验店运营方式：学生能够去查看自己所购买产品的质量，但不能当场购买，他可以从体验店专门放置的计算机通过网络来生成订单，然后等待送货人员将商品送达。

（3）产品拓展方式：在实际调查的基础之上，有计划地增加产品种类，联系新的生产厂家并与之达成共识，签订产品销售协议。

第四阶段：网站成熟阶段

1. 网站运营规范化，网站管理制度化，建立自己的企业文化。

2. 网站继续拓展，开拓新的大学城。

点评分析

从范例节选的内容可以看出该大学城网站的建设分为四个阶段实施：

第一阶段为前期准备阶段；第二阶段为第一运营阶段；第三阶段为第二运营阶段；第四阶段为网站成熟阶段。能让投资人特别清晰地了解到网站从建立到发展的大致流程。

商业计划书中对产品或服务的规划其实是对产品或服务当前和未来的计划，在书写这部分时可以包含以下内容。

- **过去的投入**：如果过去已经有投入开发的产品，那么需要写明过去成功开发的产品是什么。

- **未来的打算**：说明未来打算投入和开发的产品或服务是什么。

- **开发过程**：产品的开发过程是有先后顺序的，因此需要明确产品的开发流程，制定产品开发的时间规划，并展现在商业计划书中。

- **业务设计**：在产品与服务规划内容中还可以加入对产品线进行业务设计的基本框架，比如产品从需求、预测、计划、采购、生产、仓储、运输和交付的整个过程。

在书写产品与服务规划这部分内容时，可以使用业务流程图描述业务的走向，让投资人清楚业务的实际处理步骤和过程，如图 3-1 所示为某淘宝商城业务运营流程图。

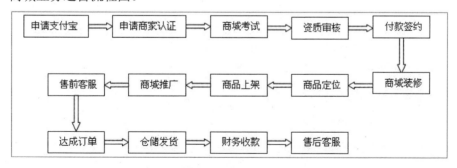

图 3-1　某淘宝商城业务运营流程图

案例：
××投资担保公司计划书

目前，投资担保公司、投资理财公司、投资管理公司等企业层出不穷，这也就意味着投资公司之间的竞争越来越激烈。那么此类商业计划又有哪些写作要点呢？下面以××投资担保公司商业计划书为例，介绍公司的写作要点。

不要隐藏你的背景

对于已经成立了的企业想要获得投资人的资金，需要介绍的不仅仅是产品和服务，还需要介绍企业的本身，投资人不会投资一个自己毫不了解的企业，因此有必要介绍企业的基本情况，下面来看看××投资担保公司商业计划书关于公司背景的部分内容。

范例节选

1. 公司背景

1.1 公司沿革与经营宗旨

××担保投资股份有限公司(以下简称"××担保")在中华人民共和国广东省深圳市注册。公司英文名：××××。

法定地址：深圳市××××。

法人代表：张××先生。

营业执照编号为：NO.12××××。

××担保，原名深圳市××担保服务股份有限公司，于1999年12月在中国广东省深圳市完成了工商登记和注册的全部手续，并经国家经贸委和深圳市政府批准正式开业，成为中国第一批民营的专业担保机构之一。经过两年多的筹备和近两年的运营，无论资产规模或经营规模，××担保已经成为中国目前最大的民营商业担保机构之一，在业界和社会上享有很高的声誉。

××担保率先提出担保投资的经营模式，并首创了担保投资新型产品。通过担保与投资的有机结合，运用担保手段加大投资决策力度，锁定和预防投资风险，以投资收益弥补担保代偿损失，担保投资收益高于一般保费的收入，大大改善了一般担保机构风险大收益低的经营模式，从而极大地提高了××担保在业界的竞争优势。据此，××担保于2001年7月正式更名为"深圳市××担保投资股份有限公司"。

××担保摆脱了民营企业起点低的缺陷。从资本规模和业务规模上看，××担保与一般大型国有担保机构和政府担保机构并无明显的区别。但是，民营体制的天然优势使××担保能聚集一支优秀的高知识结构和具有丰富实际操作经验的经营团队。同时，××担保以"经营信用，管理风险"作为其经营管理理念，实行规范的股份制商业化运作，建立了完善的组织结构、科学规范的操作办法，以及强有力的经营策略和灵活的商业化运作机制，并以实现境外 IPO 上市为目标，在管理上与国际金融企业要求接轨，从而保证了××担保在中国担保业稳健经营的领先优势。

点评分析

在商业计划中介绍公司背景是为了让投资人对你的公司有一定的了解，从本例节选的内容可以看出这段内容是对该投资担保公司的简要介绍，它说明了公司的基本情况、名称、法律形式、理念和发展进程等内容。下面就来看看在实际写作中，公司介绍应该包括哪些内容。

【公司的名称和法律形式】

公司的名称包括实际注册的名称与简称，制作者在书写时如果有子公司也可以加上。公司的法律形式主要有以下几种。

● 有限责任公司

● 个人独资公司

- 股份公司

- 合伙公司

在介绍这部分内容时还可以说明公司的注册地、法人代表等。如果公司法律形式是股份公司可以说明公司有多少股东，最大的股东是谁。

【公司的基本情况】

公司的基本情况包括公司的成立时间、法人代表、注册地址、注册资本和公司沿革等。

【公司的宗旨】

宗旨通常可以形象地概括成几句话，它是关于公司关于企业存在的目的或对社会发展的某一方面应做出的贡献的陈述，包括公司的经营理念、公司文化或公司形象等。

【公司的发展进程】

介绍公司成立的时间、早期发展情况、稳定期发展情况等，比如公司在哪个阶段开发了新产品、提供了新服务，或公司合并、改产、重组和稳固占领市场的情况。

【简要的产品或服务介绍】

产品或服务介绍通常是单独进行讲解，在公司介绍部分可以简要介绍公司的产品或服务。

说明你的规划和目标

在商业计划书中对企业概况有了基本介绍后，想要获得投资人的认可，还需要说明企业的规划和目标。因为投资人是否要投资你，取决于你未来的发展，下面来看一个案例。

范例节选

1.2 发展规划与目标

××担保的发展规划是在未来5年内，全面拓展和深化担保与担保投资业务，将公司发展成跨区域、集团化运作的上市公司，使××担保成为适应知识经济时代要求和具有核心竞争能力的学习型企业和专家型组织。在实现可持续发展的基础上，争取将公司发展成中国担保业的领先者和第一品牌，最终实现公司从一个境内准金融企业向国际化标准金融企业的过渡。

按照这一规划，××担保在2001年到2005年的资本和经营额将以两位到三位数的年增长率实现超常规增长。通过增资扩股与上市和企业自身积累，××担保的净资产在2005年将达到25亿元人民币以上，当年担保金额将超过100亿元人民币，担保品种将涉及主要金融领域的主要金融产品。

公司在增资扩股与境外上市后，将在中国主要城市或省份逐步设立分支机构，并分化出主要行业的专业担保公司，从横向和纵向扩大企业经营规模，利用××担保的境外上市地位逐步融入国际资本和金融市场。

点评分析

从范例节选的内容可以看出该担保公司未来5年的规划是全面拓展和深化担保与担保投资业务，将公司发展成跨区域、集团化运作的上市公司。同时，说明了要实现这一规划所进行的执行计划。

对公司未来发展规划和目标的描述时，通常会在商业计划书中说明3～5年的发展目标。如果规划的时间太长也不太现实，比如10年、20年。对大多数投资人来说，3～5年是他们理想的退出期限，因此说明3～5年的发展规划和目标是很重要的。

在拟定3～5年的目标时，并不一定要写能获得多少利润为目标，这个目标可以是有形的，也可以是无形的。有形的可以是现金流、占有的市场规模或上市等，无形的可以是某项专利或其他无形资产等。

在拟定发展目标时要注意，这个目标应该是具体的、可行的，而不是虚无缥缈的，投资人在看到目标可行后，才会认为他所看好的项目能在3～5年内快速发展。

发展规划与目标这部分内容在书写时也是有一定步骤的，具体的书写思路如下。

- **发展目标**：建立目标就好比一个故事的开头，因此发展目标应该写在最前面，在写发展目标时要注意要给投资人3～5年内满意的目标。

- **发展策略**：写好发展目标后，这时需要将发展策略展示给投资人，写明达到这个发展目标所采取的具体经营方法。

- **执行计划**：在最后将发展策略细化，说明具体的执行时间、执行内容、预计投入等，将这些内容制定成执行计划。

是否有战略合作者

战略合作者是指出于长期共赢考虑，建立在共同利益基础上，实现深度合作的合作者。良好的合作是推动公司发展必不可少的动力，如果公司有主要的合作伙伴，需要在商业计划书中体现出来，来看看下面的案例。

范例节选

精彩案例展示

1.3 公司战略合作者与衍生业务

担保业务是融资市场的一环，担保公司必须与金融业诸多机构形成战略合作关系，从而能够有效地执行企业和个人靠信用担保融资的任务。与此同时，担保公司本身应与同行形成策略性合作，从而分散担保公司的风险。

1.3.1 业内战略合作者

与保险业一样，担保业最终将形成由若干层次再担保机构与众多直接担保机构的信用担保与再担保市场体系。为此，××担保已经着手：

（1）国内各级再保机构再保业务（国家经贸委等有关部门正在出台相关政策，并已逐步开始组建国家、省级再担保机构）；

（2）与当地或异地担保机构之间交叉互保和联合担保业务；

（3）信用互助会托管业务；

（4）与国际财务和担保机构的交叉互保业务。

1.3.2 合作银行与衍生业务

公司已与中国农业银行深圳分行等十几家银行达成战略合作协议。以此为基础，公司进一步全面介入一些合作银行由现行规定不能进入的非金融业务服务项目，与合作银行形成业务和优势互补的战略同盟，其衍生业务主要包括：

（1）银企交易履约担保；

（2）银行信贷信用卡担保；

（3）银行票据贴现业务担保；

（4）银行信用证业务担保；

（5）银行抵押资产的处置业务。

1.3.3 保险公司与衍生业务

公司与保险公司可以在寿险和财险方面广泛开展合作，作为保险公司广大的客户群和狭窄的营业范围的一种补充和拓展。这种战略合作关系的衍生业务主要包括：

（1）保费担保投资；

（2）担保企业与个人责任保险；

（3）投资保险产品担保。

点评分析

本例中可以看出该担保公司与再保机构、其他担保公司、银行等都有合作关系，并衍生出了其他业务。可见该担保公司具有全局性、长远性的发展眼光。

对于规模不是很大的公司或者初创公司来说，他们的合作伙伴可能仅仅是经销商或供应商，针对此类公司在介绍合作伙伴时可以使用表格将主要的合作伙伴罗列出来，如表 3-1 所示。

表 3-1　主要合作伙伴

合作公司名称	合作内容
××总公司	与××总公司结为紧密合作伙伴，建立了战略联盟式的合作模式
××营销有限公司	与××营销有限公司建立了联合营销的合作关系，增加了产品的营销和推广渠道
××设计有限公司	××设计有限公司为公司提供品牌服务，使得公司具备了强大的品牌竞争力
××网络科技有限公司	××网络科技有限公司为公司搭建了一站式的网络营销渠道，目前公司已拥有网络商城和手机商城

除了使用表格将合作伙伴罗列出来外，还可以使用图示将合作伙伴展示出来，如图 3-2 所示。

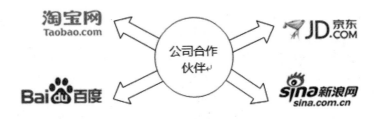

图 3-2　公司合作伙伴图示

提示

在介绍合作伙伴时，如果与合作伙伴合作取得了某一重大的成果也可以将这项成果进行说明。另外，如果有外部支持者对公司提供支持，通常也要予以说明。

案例：
××公司融资计划书

　　许多公司在发展到一定阶段后，会想要在公司业务和规模上实现飞跃，从而使得公司得到进一步扩大，然而公司想要壮大没有资金是不行的，这时他们就需要一份商业计划书来为公司进行融资。这类商业计划书想要引起投资人的注意，就要充分展示公司的价值。

突出公司优势

　　对于已经成立并发展一段时间的公司来说，投资人可能更看重的是该公司是否有更大的发展空间。那么如何才能让投资人看到公司的价值呢？这就要在商业计划书中介绍公司时突出公司的优势，下面来看一个案例。

范例节选

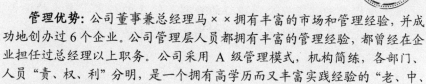

　　三、公司优势

　　管理优势：公司董事兼总经理马××拥有丰富的市场和管理经验，并成功地创办过6个企业。公司管理层人员都拥有丰富的管理经验，都曾经在企业担任过总经理以上职务。公司采用A级管理模式，机构简练，各部门、人员"责、权、利"分明，是一个拥有高学历而又丰富实践经验的"老、中、青"结合的管理团队。

技术优势： 项目早在20世纪90年代国内金属化电磁屏蔽软体材料领域还基本是空白的情况下，研制开发工作就取得了一定成效，并首次取得了国家新型专利。在此基础上，针对存在的技术薄弱环节进行了多次、长时间攻克，并取得了较好成效。而国内后来上马的同行，虽然较早把地产品推向市场，但关键技术和产品质量均未达到国际同类产品应有的水平。本项目技术在产品的电磁屏蔽高效能、宽频率工作范围、不燃、难熔、耐腐蚀、耐磨、耐折、抗顶破高韧性、低成本性、无废液污染排放等诸多方面指标均领先国内外厂商，因此具有强大的技术优势。

市场优势： 国内防辐射产品消费日趋成熟，国家政策也已进入了扶持推广阶段，此类产品的市场容量巨大。从国内来看，同类产品生产厂家较少，特别是产品性能价格比方面能和×××公司相提并论的几乎还没有。公司目前已在全国初步建立了产品营销网络，不断加大产品的宣传力度，为今后大规模进入市场做好良好的铺垫。

人才优势： 本公司拥有一支实力雄厚的专家队伍，技术开发能力极强。同时在企业管理方面，拥有一个由成功人士组成的"老、中、青"搭配、技术管理和生产经营经验丰富、配合密切的核心管理团队。

点评分析

从范例节选的内容中可以看出该公司具有4个方面的优势，包括管理优势、技术优势、市场优势和人才优势，本例关于公司优势介绍的比较全面。我们在介绍自己公司的优势时可以长篇大论，主要从以下几点来阐述。

● **产品优势：** 介绍产品优势时可重点突出产品的特点和主要功能，将竞争对手产品没有的东西展现出来。

● **技术优势：** 技术优势指在技能或产品领域相同的前提下，所体现出来的优点。公司取得的专利、领先的技术、先进的设备、领先的工艺设计水平、拥有高素质的生产技术部门等都属于技术优势。

- **人才优势**：在人才优势方面可主要说明公司拥有多少业界优秀人才，这些优秀人才在哪些领域经验丰富，也可介绍公司的团队成员，说明团队人员所具备的专业知识水平。

- **营销优势**：一个公司的营销方式可能有多种，在介绍营销优势时可从营销渠道覆盖率、营销团队、公司营销策略等方面进行阐述。

- **管理优势**：大型企业、中小型企业的管理方式是不同的，在阐述管理优势时可结合公司具体情况，从管理模式、管理制度、管理理念、核心管理人员等方面进行介绍。

- **客户优势**：介绍客户优势时可从公司的优质客户资源、客户资源数据库等方面进行介绍。

- **规模优势**：如果公司规模很大，这种规模能够使公司降低生产成本，提高盈利能力，那么也可以将规模优势阐述出来。

提示
要注意这里介绍的公司优势是公司自身的优势，与公司在行业和市场分析中介绍产品竞争优势的内容是不同的。公司优势指的是公司在品牌、管理、营销等方面的有利条件，制作者在实际写作中不要将两者混淆。

说明股权结构

股权结构是指股份公司总股本中，不同性质的股份所占的比例及其相互关系，股权结构不同公司的组织结构也会不同。股权结构对公司绩效及治理结构都会产生影响。

范例节选

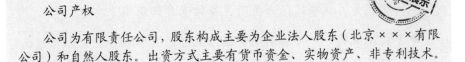

公司产权

公司为有限责任公司，股东构成主要为企业法人股东（北京×××有限公司）和自然人股东。出资方式主要有货币资金、实物资产、非专利技术。

股权结构表：

姓名或名称	出资额	出资方式
北京×××有限公司	10.00 万元	货币
马××	258.60 万元	非专利技术 233.5 万元，实物 25.1 万元
张××	80.00 万元	非专利技术 80 万元
李××	21.60 万元	非专利技术 21.6 万元
钱××	18.90 万元	实物 4 万元，非专利技术 14.9 万元
曾××	10.90 万元	实物 10.9 万元

点评分析

本例采取了表格对股权结构进行展示，在表格中可以看出各股东的出资额和出资方式。股权结构表示了股权集中度和股权构成两层含义。其中，股权集中度指股东因持股比例的不同，而表现出的股权集中或股权分散的数量化指标。通过股权集中度可以看出公司属于股权高度集中、股权高度分散还是公司拥有较大的相对控股股东。

股权构成指各个不同背景的股东集团的持股比例，从股权构成上来看可以将股权结构分为控制权不可竞争和控制权可竞争两种类型。

本例中马××出资额为 258.60 万元，占公司总股份的 50% 以上，可以看出该股东对公司绝对的控制权。

我们在商业计划书中展示公司的股权结构时，除了可以使用本例中的表格形式外，还可以使用图示的方式来展示，如图 3-3 所示。

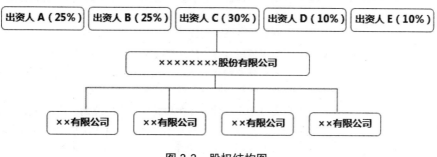

图 3-3　股权结构图

写作提示

了解了商业计划书中产品或服务以及公司介绍的基本写作要点后，下面来看看在书写这部分内容时还有哪些需要注意的写作技巧。

产品或服务撰写技巧

产品或服务的介绍是商业计划书中不可缺少的内容，许多商业计划书的制作者在撰写这部分内容时常常会犯过度夸赞、内容不全等错误。下面就来看看撰写这部分内容的技巧，帮助我们更好地书写这部分内容。

● 重点阐述产品或服务的特性、竞争优势及独特的客户价值。

● 如果产品或服务不仅仅只有一种，而是有多种，这时可以用表格的形式将其基本信息进行陈列，并重点介绍核心产品的特点及其优势，如表 3-2 所示为××厨房网商业计划书中关于增强型服务的表格表现形式。

表 3-2　××厨房网增强型服务列表

服务类型	基本介绍
商品直搜定位服务	顾客在网站首页搜索栏输入商品名称的一个字或字母时自动联想顾客搜索目标
无须注册即可购买服务	用户无须填写详细的注册资料，只需填写订单收件人地址、姓名和联系电话即可，但网站对于注册用户安排积分奖励策略，满足不同顾客群的购买心理需求
多种商品购买方式服务	可安排拍卖、团购、限时抢购、积分兑购、活动券换购等多种购买方式。多种销售方式的安排是基于不同的购买群体对商品的需求价格弹性的不同，按照价格歧视原理做出多种价格策略安排

- 在说明产品或服务的"背后实力"时，要根据实际需求进行内容的选择，不需要追求面面俱到，在选择内容时遵循突出产品和服务的优势、独特价值及突出影响产品和服务的关键成功要素的原则，比如研发能力、质量控制、原材料供应、售后服务体系等。

- 在内容上注意与商业计划书中其他部分协调，例如公司介绍中涉及的产品和服务的介绍、研发与生产介绍中涉及的知识产权等内容。

- 充分了解客户的痛点，将自己放在客户的角度来描述产品或服务，讲清楚用户的真实需求是什么，用什么方法解决这些需求，为什么客户会选择本产品。

- 如果取得了一定的成绩，一定要展示出来，比如运营数据、转化率、用户数量等。

网站、软件计划书要加入这几点

软件产业一直都是信息产业的重要组成部分，目前，各种软件产品的结构也在不断丰富，当我们为手机 APP、网络安全软件、网站等产品或服务制作商业计划书时，可以加入以下内容可以让商业计划书内容更丰富。

- **转化率**：转化率反映的是该网站或软件对访问者的吸引程度及网站的宣传效果。转化率是软件或网站最终能否盈利的核心，因此在商业计划书中可以加入转化率分析的内容。

- **流量**：我们都知道一个网站如果没有用户访问，那么这个网站就没有存在的意义。因此，流量是网站或软件类产品重要的一个指标，在商业计划书中加入这部分内容是很有必要的。

- **客户流失率**：客户流失率是指顾客流失数量与全部消费产品或服务顾客的数量的比例，它是判断客户流失的主要指标，反映了公司经营与管理的现状。

- **客户开发成本**：网站、软件类产品在经营的前期都需要累积客户量，进行产品宣传，向客户销售产品、服务客户或为保留客户而花费的各类资源，比如宣传促销费用、营销部门的销售费用都属于客户开发成本。

- **客户终身价值**：客户终身价值又称顾客生涯价值，是指每个购买者在未来可能为企业带来的收益总和。由于网站、软件类产品的销售往往不是一次性的，因此有必要对客户的终生价值进行评价。

如何绘制业务流程图

前面我们已经知道了在书写产品与服务规划这部分内容时，可以使用业务流程图表描述业务的走向。那么业务流程图应该如何绘制呢？在绘制业务流程图时，首先要清楚以下几点。

- 整个流程图的起点和终点是什么？

● 流程图的参与者有哪些？

● 开展业务时需要做哪些事？

要清楚上述的几个问题的答案可以通过调查得到，通过了解公司有哪些部门来得知流程图和参与者有哪些。清楚流程图的参与者有哪些后，再询问他们都做了哪些工作。最后，将其串联起来，绘制一个基本的流程图。

基本流程图绘制完成后，还需对流程图进行完善，从而绘制出完整的流程图。在绘制流程图时需要注意，流程图是用一些符号和连线串联起来的，因此在绘制时有必要做到符号和连线的统一。

通常情况下，用椭圆形来表示开始和结束；用矩形来表示活动符号；用流线箭头表示流程方向。当然也可以自己确定需要使用的符号和连线，再为这些符号定义，对同一类的活动最好使用同一种符号来表示。

常用的流程图样式是上下流程图和矩阵流程图，我们可以根据需要来选择合适的流程图样式。值得注意的是，不管使用哪种流程图的表现形式，都要做到简单明了，让投资人看懂，如果投资人无法看懂流程图的表现形式，那么这样的流程图绘制出来也是无意义的。

第4章

能源、环保类商业
计划书

近年来，节能环保、新能源、治霾等词汇成为环保热词，随着人们环保意识的提升，节
能环保产品拥有很大的商机。本章将以能源、环保类的商业计划书为例，来看看商业计
划书的一些写作要点。

案例：
××环保项目商业计划书

由于生态环境的日益恶化，绿色环保和可持续发展已经成为了当今社会发展的主题之一。然而，煤炭燃烧后释放的大量硫化物成为我国主要的环境污染问题之一，对社会经济和人类生存环境造成极大的不良影响，因此如何改变现有状况，发展切实可行的绿色技术迫在眉睫。所以，一些环保项目便应运而生。

不仅是环保项目这样新兴的项目，每一个项目在实施过程中都可能会遇到多种风险，在进行风险分析时要做到尽可能全面，下面来看看××环保项目商业计划书关于风险分析的内容。

范例节选

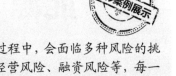

1.9 风险及对策

风险与收益是并存的。企业在发展壮大的过程中，会面临多种风险的挑战，如政策风险、技术风险、市场风险、生产经营风险、融资风险等，每一种风险都有可能影响到企业整体的经营绩效和市场竞争力。风险是不可避免的，但企业可以加强自身的风险管理能力，尽可能地降低风险给企业的管理、经营带来的挑战。

政策风险：积极参与争取政府相关项目，支持政府建立环境保护相关法律、法规，获得政府的信任和政策上的支持。

技术风险：以市场需求为导向，培育自主研发力量，积极寻求合作，把握技术发展趋势。

市场风险：分阶段、分地区逐步拓展市场，集中化和差异化相结合，实行以顾客需求为导向的销售战略。

生产经营风险： 实行全面质量管理，不断改进生产工艺，加强生产经营的效率与安全管理。

融资风险：控制财务杠杆，优化资本结构，合理分配短期负债和长期负债，确保企业经营的安全与稳定。

公司将建立完善的风险管理和预警体系，在重点对以上5种风险进行管理的基础上，因时因地控制和管理其他类型的风险，为企业的持续健康发展提供保障。

点评分析

从范例节选的内容中可以看出该商业计划书中分析了政策风险、技术风险、市场风险、生产经营风险和融资风险。这些风险因素也是在进行风险分析时所包含的要点，下面来看看各风险要素的具体内容。

● 政策风险

在市场经济条件下，由于受价值规律和竞争机制的影响，各企业争夺市场资源，都希望获得更大的活动自由，因而可能会触犯国家的有关政策，而国家政策又对企业的行为具有强制约束力。另外，国家在不同时期可以根据宏观环境的变化而改变政策，这必然会影响到企业的经济利益。因此，国家与企业之间由于政策的存在和调整，在经济利益上会产生矛盾，从而产生政策风险。

● 技术风险

新产品在研究开发的过程中，由于技术水平、知识水平等条件的限制，会导致产品生产困难或研发不成功，从而无法正常生产。导致研发风险出现的原因有科技成果不成熟、研发专业人才的缺乏、研发投入资金不足等。

通常来说高新技术企业在开发新产品时研发的风险性更高，因为这类新产品的开发失败率常常更高。另外，高新技术的发展速度较快，刚研发出来的产品可能很快就被其他更新的产品所代替，从而进一步增加了产品的研发风险。

● 市场风险

市场竞争无处不在，市场风险的大小主要取决于 3 个基本因素，分别是市场竞争规模、竞争激烈程度和市场竞争方式。

市场竞争规模越大，市场风险就会越大。竞争者之间为抢夺市场份额会展开竞争，这种竞争越激烈，双方所面临的风险就越大。在竞争中，竞争双方会采取价格竞争、非价格竞争这两种方式来较量，如果竞争双方发生价格战，常常会导致两败俱伤，给双方都带来巨大风险。

另外，政策的不确定性、产品价格的不确定性波动、经济文化的不确定性变化等，都会给企业带来市场风险，使得项目的投资成本和盈利能力不可被预估。

● 生产经营风险

在生产经营过程中，原材料可能供应不足、生产设备可能意外损坏、技术人员突然离职或其他生产不可控事件的出现等，都可能导致生产过程意外中断。决策人员、管理人员经营决策失误及供、产、销各个环节的不确定性因素都会导致经营风险发生。经营风险影响着企业的经营活动和财务活动，因此需对生产经营风险有较清晰的认识。

在企业的生产和经营过程中都会进行成本管理，而过程中由于费用支出控制不严格、成本核算不准确、管理不合理、未有效进行成本控制等会导致成本信息不准确，使成本上升的风险发生，让企业整体竞争能力下降。

● 融资风险

当公司在举债经营的情况下，必须按期付出固定数量的利息。当经营状况良好时，经营的资本报酬率大大高于举债利率，举债经营可以为公司带来较高的收益；但如果经营状况不好，甚至亏损，公司也必须按规定付出相应的利息，这会使公司的收益下降幅度更大。像这样由于融资方式的不同造成资本结构不同，会给公司及公司的股票持有者带来融资风险。

除了范例中涉及的这些风险外，撰稿人在撰写商业计划书时会根据实际情况阐明项目、产品或服务所涉及的所有可能风险。比如以下所示的一些风险在商业计划书中也常出现。

● 资源风险

通常只有资源开发项目才会存在资源风险，另外，某些需要大量采购原材料的项目也会有资源风险，比如原材料的供应商提高原材料价格，就会导致生产成本增加；如果某种原材料产量降低，会导致原材料供应不足，影响产品的生产。而对某些软件、网络类的项目来说，通常提供的是某种服务，因此常常不会存在资源风险。

● 财务风险

财务风险是指公司财务结构不合理、融资不当使公司可能丧失偿债能力而导致投资者预期收益下降的风险。可将财务风险划分为筹资风险、投资风险、资金回收风险和收益分配风险 4 类，而出现财务风险有企业内部的原因，也有外部原因。

内部原因主要是因为企业各部门之间资金管理和使用权责不分、管理不当，使得资金的安全性、完整性得不到保证。另外，企业内部不科学的财务决策也会导致财务风险的出现。

而外部原因包括经济环境、法律环境、市场环境等会对企业财务管理产生较大影响的因素。另外，财务人员对财务风险的认识不足，也会导致财务风险的出现。

● 管理风险

导致管理风险出现的原因主要有管理者的素质、组织结构、企业文化和管理过程。

管理者的品德和管理能力都会影响管理效果和效率，对许多中小企业来说，会要求管理者具备更强的技术能力和商业能力，这是因为中小企业的管理者常常是企业的中流砥柱，他们的决策常常会影响整个企业的发展状况和趋势。

组织结构是否合理对企业发展起着重要作用，在阐述组织结构对管理带来的风险时，可就组织结构的优缺点进行分析。

企业文化是企业在较长时间的发展过程中形成的价值观念、行为准则、信念等，它是企业的灵魂，不良的企业文化会降低企业员工的管理效率，阻碍企业的发展。

建立完善的管理体系对每个企业来说都是重要的，如果管理过程不够科学、合理，会对企业上下沟通造成阻碍，使得人员流动性大，这对企业来说都是不利的。

● 破产风险

破产风险是其他风险的综合结果，企业在经营过程中，因为投资、筹资失败或经营不当等都可能导致企业破产。

在对各个风险因素有了一定了解后，撰写商业计划书时就可结合这些风险因素对项目可能存在的风险进行逐一阐述，进而让投资人准确了解项目的好坏情况。

案例：
××新能源项目商业计划书

　　风险是企业在经营过程中不可避免的，在商业计划书中对各种可能存在的风险进行分析说明后，还需要提出各种风险问题的相关处理方法，从而将风险降到最低。

　　下面来看看××新能源项目商业计划书关于风险应对对策的内容。

范例节选

精彩案例展示

7.2　项目风险分析及应对

　　根据前部分章节了解，该项目开发经营的项目定位、项目的技术经济分析，可知该项目具有较强的抗风险能力。但仍有一些不确定性因素带来的风险，主要源于市场风险、成本风险和技术风险。

7.2.1　市场风险及应对

　　赛时××城相当于高档宾馆，所面对的服务对象为来自各个国家的参赛运动员；赛后××城住宅改为配套完善的节能住宅，定位为中高等档次，所面对的目标顾客是居民人数比例较大的中等偏高收入阶层。无论是赛时还是赛后，目标服务对象所要求的居住地不仅仅满足最基本的居住需求，而且具有高级居住主题，体现对人的关怀。目前广州市场上还没有类似规模的节能住宅项目，社会及消费者对节能住宅了解较少，市场接受及认可度有一定的不确定性。这给项目推行单位提出要求，一方面使推行的节能系统符合目标住户的要求，符合其生活品味，体现舒适性理念；另一方面在现有的市场中体现出本系统与众不同的魅力和优势。

　　对该项目进行大力宣传，引导先进的消费理念，以实现国家大力推广发展"节能省地型住宅"的初衷。

7.2.2　成本风险及应对

由于项目采用了多项综合节能技术，为保证预期的节能目标，应采用国际先进技术和产品，成本也将相应增加，在开发如此大规模节能项目的前提下如何控制好节能成本将对××公司、建设单位是一个考验。因此应采取有效措施严控成本，在保证政府对节能项目的补贴不进入成本及售价的前提下，顺利实现该项目的建设开发。

7.2.3　技术风险及应对

在节能项目的技术层面，如何在项目规划、设计、施工以及后期物业管理等阶段保证节能技术的顺利实施，确保工程质量，将是一个考验。该项目建设规模大、功能复杂、赛前赛后功能要求差异较大，赛时建设周期紧，建设标准高，节能技术的应用涉及与建筑、景观、市政、水利等部门的协调问题，为保证节能技术的顺利实施，需要强有力的协调机制。

点评分析

从范例节选的内容中可以看出针对项目风险中的市场风险、成本风险和技术风险分别提出了应对对策。通用的风险应对策略有以下几种。

- **风险规避**：风险规避是指通过改变项目计划来消除特定风险事件的威胁。

- **风险转移**：风险转移是指将风险转移给第三方，比如通过合同约定，将风险转移给供应商。

- **风险减轻**：风险减轻是指将风险事件发生的后果和可能性减轻，使风险处于可接受的范围内。

- **风险接受**：风险接受是指面对风险采取积极的应对政策或消极的接受风险的后果。对于不确定性风险通常不能采取风险接受的策略，而应采取风险规避策略。

了解了风险应对的通用策略后，下面我们来看看不同风险的常见应对策略有哪些。

【资源风险应对策略】

面对资源风险通常可采取预订、套期保值、使用替代原料、优化生产流程、提高原材料的利用效率等，以此来减轻或转移风险。同时，材料的采购部门也应制定相应的风险管理程序来加强对材料采购环节的风险管理，有效控制材料的采购风险。

【市场或生产不确定性风险应对策略】

面对不确定性风险应该理性应对，采取防御的措施，提前做好应对风险的措施，从而将不确定性风险有效规避。

【研发或技术风险应对策略】

研发或技术风险主要来自于技术和硬件设备这两方面，因此面对研发和技术风险可采取以下的应对措施，具体内容如下。

- **提高技术水平**：面对研发或技术风险提高技术水平是关键，特别是高新技术企业，加大科技投入，开发拥有自主知识产权的技术是防范技术风险的根本措施。

- **打造技术团队**：打造技术专业能力过硬的技术团队，使企业技术处于领先地位，保证产品的先进性。

- **选择合适的合作伙伴**：选择拥有先进技术或技术创新能力的合作伙伴，进行合作开发或委托开发，从而降低风险。

- **建立预警机制**：建立技术风险预警机制，及时发现研发或生产过程中的风险，从而有效控制风险。

【经营风险应对策略】

经营风险是时刻存在的，企业不应忽略经营风险，面对经营风险可采取以下应对措施，如表4-1所示。

表 4-1 经营风险的应对措施

	应对措施
认识风险	正确看待经营风险，分析企业存在哪些经营风险，提前做出风险预测
建立内部管理制度	建立健全的管理制度，比如安全生产制度、人员管理制度、财务监控制度等，让经营风险从内部得到有效控制
建立预警评估机制	建立预警评估机制，使得风险得到有效预测，比如通过经营杠杆系数来评估经营风险的大小、通过资产负债比例来了解资产状况
产品多样化	开发新产品，减少对单一产品的依赖，使产品组合更加多样化
提升竞争力	建立企业自主品牌，加强产品宣传，打造优秀的营销团队，全面企业提升竞争力，从而降低经营风险

【成本控制风险应对策略】

可通过以下几种方法来应对成本控制风险。

● **提高员工意识**：要有效防范成本控制风险首先需要提高员工的成本控制意识，让员工意识到成本控制的重要性，并落实到实际工作中。

● **提高计算机利用水平**：建立信息化体系，充分利用计算机进行会计核算、资产管理、采购管理等。

● **建立管理责任制**：让各部门明确自身成本管理职责，有效做到成本控制，比如，生产部门负责提出设备维修费用计划，人力资源部门负责提出人员招聘费用计划。

【市场竞争风险应对策略】

面对市场竞争风险应建立市场反馈体系，了解消费者情况，生产适销对路的商品，从而制定有效的市场营销策略。同时还应时刻关注竞争者，了解竞争者的市场情况，制定相应的应对措施，从而进一步提高产品自身的质量和服务质量。加大营销宣传力度，尽可能地提高产品的知名度，从而提高竞争力。

【政策风险应对策略】

面对政策风险应该根据政策要求，制定合理的政策改革，做到正确执行政策的同时，加强政策风险防范，做到防患于未然。

【财务风险应对策略】

既然财务风险的形成有企业内部原因也有外部原因，那么防范财务风险首先就要建立科学的财务管理体系，明确相关人员的职责，提高员工的素质，建立结构优化的财会队伍。同时，还应建立会计信息网络体系，提高财务管理的效率。

企业在投资时应采取分散风险的策略，做到组合投资，以免单一投资失败带来巨大损失。另外，还应树立风险意识，健全内控程序，降低财务潜在风险的发生。

【管理风险应对策略】

防范管理风险要加强组织结构的建设，降低日常工作对部分人员的过度依赖，提高管理人员自身素质，建立人才后备梯队。

【破产风险应对策略】

面对破产风险应加强应收账款和存货管理，保证负债结构合理，确保收支正常，维持适当的资产负债比率，将负债总额控制在自身可承受范围内，建立破产预警机制，提早预测破产风险，从而及时采取措施有效避免破产发生。

案例：
××生物柴油商业计划书

　　许多新能源产品通常都有其特定的生产过程，许多新能源公司都是自己开发和生产产品，所以在书写能源类项目商业计划书时通常都会包含产品生产这一内容。

　　在介绍能源产品的生产方面的内容时，一般会包含资源及原材料供应、现有生产条件和生产能力、产品标准等内容，下面来看××生物柴油商业计划书关于产品制造的相关内容。

范例节选

　　一、产品生产

　　1. 资源及原材料供应

　　国内也已研制成功利用菜籽油、大豆油、米糠油脚料、工业猪油、牛油及野生植物小桐籽油等作为原料，经预酯化、再酯化生产生物柴油的工艺。高品质的原料是生产高品质生物柴油和取得高收率的基本保证。由于双低菜籽油生产的生物柴油含硫量低，从而使该菜籽油生物柴油具有好的排放标准，因此目前在欧洲普遍栽种双低菜籽。

　　就目前而言，每公顷土地可生产约30 t菜籽（含油量约40%）。我国有很多地区油菜籽种植面积很大，在加工传统的食用油的同时不失时机地开发生产生物柴油燃料是油菜籽利用的一个重要方向。另外，研究发现棉籽油与双低菜籽油的脂肪酸组成相似，因此在我国采用棉籽油作为生物柴油的原料还是可行的。当然，此时的棉籽油生物柴油标准需要按照中国的实际作相应的调整。

　　1t油菜籽可制取约160kg生物柴油，同时可副产16kg甘油。而纯度高达99.7%的特级甘油价格为2000美元/t。因此，制取生物柴油与精致甘油工艺联产，将能取得较为理想的经济效益。若能建年产100kt具有一定工业化生产规模的生物柴油装置，其经济效益更为可观。近几年来，生物柴油燃料已被越来越多的重视，在美国和欧洲已开始建立商品化生产，市场很有吸引力，原料也不会存在问题，因此，有很多大公司纷纷开拓这一业务，期望在开始时就能占领市场。南斯拉夫在五、六年前已研制成功这项技术且已生产，后因经济困难而停产，测试数据表明，南斯拉夫的技术水平同德国、意大利等国的相同，可探讨与南斯拉夫合作帮助我国发展这一技术。

据报道，目前在江苏无锡，来自饭店部门的废油量约 20 000 吨，来自于油脂加工厂的废油量约 100 000 吨。饭店部门的废油，我们主要通过政府相关部门发文，环保部门、城管部门执行，统一回收、管理废油。对于收购的废油，需要检测其酸价等指标，去除其中的水杂。

2. 现有生产条件和生产能力

目前生物柴油主要是用化学法生产，即用动物和植物油脂与甲醇或乙醇等低碳醇在酸或者碱性催化剂和高温(230～250℃)下进行转酯化反应，生成相应的脂肪酸甲酯或乙酯，再经洗涤干燥即得生物柴油。甲醇或乙醇在生产过程中可循环使用，生产设备与一般制油设备相同，生产过程中可产生10%左右的副产品甘油。

目前生物柴油的主要问题是成本高。据统计，生物柴油制造成本的75%是原料成本。因此采用廉价原料及提高转化从而降低成本是生物柴油能否实用化的关键。美国现已开始通过基因工程方法研究高油含量的植物，日本采用工业废油和废煎炸油，欧洲是在不适合种植粮食的土地上种植富油脂的农作物。

但化学法合成生物柴油有以下缺点：工艺复杂，醇必须过量，后续工艺必须有相应的醇回收装置；能耗高；色泽深；由于脂肪中不饱和脂肪酸在高温下容易变质，酯化产物难于回收；成本高；生产过程有废碱液排放。

为解决上述问题，人们开始研究用生物酶法合成生物柴油，即用动物油脂和低碳醇通过脂肪酶进行转酯化反应，制备相应的脂肪酸甲酯及乙酯。酶法合成生物柴油具有条件温和、醇用量小、无污染排放的优点。但目前主要问题有：对甲醇及乙醇的转化率低，一般仅为40%～60%。由于目前脂肪酶对长链脂肪醇的酯化或转酯化有效，而对短链脂肪醇(如甲醇或乙醇等)转化率低，而且短链醇对酶有一定毒性，酶的使用寿命短。副产物甘油和水难于回收，不但对产物形成抑制，而且甘油对固定化酶有毒性，使固定化酶使用寿命短。

"工程微藻"生产柴油，为柴油生产开辟了一条新的技术途径。美国可更新实验室(NREL)通过现代生物技术建成"工程微藻"，即硅藻类的一种"工程小环藻"。在实验室条件下可使"工程微藻"中脂质含量增加到60%以上，户外生产也可增加到40%以上。而一般自然状态下微藻的脂质含量为5%~20%。"工程微藻"中脂质含量的提高主要由于乙酰辅酶A羧化酶(ACC)基因在微藻细胞中的高效表达，在控制脂质积累水平方面起到了重要作用。

目前，正在研究选择合适的分子载体，使ACC基因在细菌、酵母和植物中充分表达，还进一步将修饰的ACC基因引入微藻中以获得更高效表达。利用"工程微藻"生产柴油具有重要经济意义和生态意义，其优越性在于：微藻生产能力高、用海水作为天然培养基可节约农业资源；比陆生植物单产油脂高出几十倍；生产的生物柴油不含硫，燃烧时不排放有毒害气体，排入环境中也可被微生物降解，不污染环境。发展富含油质的微藻或者"工程微藻"是生产生物柴油的一大趋势。

根据无锡市雪浪铆焊厂有限公司资料，采用高酸价的废油脂、泔水油、潲水油、油脂精制过程中产生的油料等为原料，即 HAVE 工艺[High Acid Value（oil&fats）Eco]。原材料的酸价要求小于100mgKOH/g，游离脂肪酸含量<50%，总脂肪含量>90%，水分和杂质要求少于 3%，对于回收的原材料，通常在投入生产之前需要采用前期的处理，包括过滤其中的杂质，蒸发其中的水分，对其酸价、游离脂肪酸含量、总脂肪含量的问题，可在实验室中对其进行测定，以保证原材料在投入生产时达到装置的要求。

在生产过程中，副产品主要是甘油(每生产一吨生物柴油产出甘油100kg)，纯度在 40%左右。生产过程中有很少量含盐的废水排出，废水可以直接排放进污水的处理管网里。

生物柴油设备采用流水线式生产，每天可以产出成品油 3 批/天，每一批产出成品油 15 吨（根据设备理论型号的不同，反应釜的大小不同，暂定为 15 吨/次），按 1 年生产 300 天，除去设备检修 30 天，实际生产 270 天，那么实际的生产能力为：270 天 × 15 吨/批 × 3 批=12 150 吨。

3. 扩建设施、要求及成本，扩建后生产能力

考虑到中国已有的豆类压榨企业已经很多，生产能力足以支持我们的生

物柴油原料的加工需求。所以,我们不打算新建工厂,而是对部分经营不善的工厂,采用股权购买加上长期加工合同的方式,得到生产能力的保障。

4. 原有主要设备及添置设备

10 000 吨规模的厂区占地面积大约为 2 000 平方米,不包含油罐区的占地面积(油罐区约 5 000 吨,占地面积约为 5 000 平方米),投资成本在 500 万元左右。

生产设备分为手动控制和自动控制两种类型,为流水线连续式生产,在常温常压下进行,1 万吨规模的流水线生产需要 5~10 人/批次。操作安全、高效。

手动生产设备生产过程中,只需要人工添加原料、催化剂、排放少量废水及将成品油泵入油罐中即可。

自动化生产设备,只需要轻轻按动设备运行开始按钮便可以开始生产,待反应完毕,成品油自动进入油罐中,中途不涉及到人工操作,只需要人员监视生产过程即可。

5. 产品标准、质检和生产成本控制

生物柴油中国还没有产品标准,主要参照国外的标准和国内石油柴油的标准。关于成本控制,我们将利用自己的贸易系统,采取各种市场工具,对成本进行控制。或许直接购买植物油、或许购买豆类产品并委托加工而节省成本。

6. 包装与储运

产品主要以散装为主,采用专用罐车仓储和运输。

点评分析

产品生产是指产品从投料开始,经过一系列的加工,直至成品生产出来的全部过程,本例中介绍了资源及原材料供应、现有生产条件和生产能力、扩建设施和扩建后生产能力、原有主要设备及添置设备、产品标准、质检和生产成本控制及包装与储运这 6 方面的内容。通过这部分内容的阅读我们清楚了生物柴油这一能源产品所需的原材料是什么,生产是需要哪些设备及如何包装等问题。

我们在书写这部分内容时也可以参考本例所阐述的这6个方面来介绍，那么这6个方面具体该写些什么内容呢，下面来看看。

（1）资源及原材料供应

能源产品所需的资源及原材料通常比较特殊，比如风能、太阳能、生物质能等。在介绍资源及原材料的供应这部分内容时要说明你有足够的资源且原材料供应可靠。

不同的能源产品所需的原材料种类是不同的，一般包括主要原材料、辅助材料及半成品等。在介绍这些原材料时要对原材料的品种、数量、规格、质量、价格、来源、供应方式和运输方式等进行说明。

● **原材料的品种**：说明产品生产过程中需要的原材料品种是什么，比如，本例中所需的原材料品种为菜籽油、大豆油、米糠油脚料、工业猪油、牛油及野生植物小桐籽油等。

● **原材料的数量**：根据现有的生产能力估算所需原材料的数量，并说明原材料供应的可靠性，对可能发生的风险也可以简单说明，如果有一定的原材料储备量用以应对原材料供应不足的风险，那么需说明储备总量。

● **原材料的规格**：原材料的规格即对所需原材料的要求，比如所需原材料是螺钉，那么可能对螺钉的横切面大小、形状有要求，针对此类原材料产品就需要说明规格要求。

● **原材料的质量**：原材料的质量包括外在质量和内在质量，只有原材料的质量达到了要求，才能使产成品符合要求。对有特殊质量要求的原材料需说明质量要求是什么，比如对外观、验收标准的要求。

- **原材料的价格**：原材料的价格会影响项目的成本，而成本的多少会影响项目的经济效益。要说明原材料当前的价格，及其变动因素是什么，并预测未来的变动趋势，要充分估计到原材料供应的弹性和互补性，以保证原材料的合理替换和选择。

- **原材料的来源及供应方式**：说明原材料的采购地是哪，供应方式是什么，供应方式一般包括市场采购、自建原料基地等。

- **原材料的运输和储备**：原材料有固态、液态、气态等形态，运输距离的远近及运输方式的不同会影响运输费用，因此需说明原材料的运输方式和距离。大多数原材料都需要储备，因此要说明现有储备设备及未来可能建设的储备设备。

（2）现有生产条件和生产能力

现有生产条件和生产能力反映了公司可能生产的产品的最大数量及生产规模，生产技术和设备都会影响生产能力。每一个公司都会关注生产能力，这是因为公司需要了解现有的生产能力是否能够适应市场需求，如果不适应就需要及时调整。

在介绍生产能力这部分内容时要说明现有生产条件及能力下的产量，以及所存在的缺陷是什么，并说明如何解决这一缺陷。如果需要对现有的生产能力进行调节，那么还需说明如何进行调节。调节的方式包括建设新厂、添置设备、安排员工加班、提高原材料利用率、降低废品率等。

（3）扩建设施、要求及成本，扩建后生产能力

许多公司为提高生产能力都会采取扩建的方式，比如扩建旧厂、购置安装大型成套设备、进行技术改造等，这些措施能够大幅度地提高现有生产能力，但是也需要大量的资金投入，因此要说明扩建的成本。

扩建后生产能力会发生改变，因此还要预测扩建后生产能力如何，如

果现阶段没有扩建的安排那么可不做说明。

（4）原有主要设备及添置设备

产品制造类公司在生产产品时都会使用到特定的生产设备，在商业计划书中要对现有的主要设置及未来可能添置的设置加以说明，常用的设备有以下几种，如图 4-1 所示。

厂房

说明现拥有的办公室或工厂及租用的房产，指出厂房的面积大小，如果是租用还需指出租金成本。如果是新建厂房，则要说明拟建厂房大小及投资成本。

基础设施

水、电、气、通信、道路等都属于基础的配套设置，如果这些基础设置比较完善，那么只需简单介绍基本情况即可，如果基础配套设置还不完善，那么要指出未来如何完善这些基础设施。

生产设备

生产设备是指生产过程中使用的机器、工具等，公司要规模生产某类产品通常都需要某种特定的设备，这些设备的投资成本通常都不低。在描述这部分内容时要罗列出现有的生产设备有哪些，对未来可能购置的大型设备，要说明购置原因。

图 4-1　生产常用设备

如果某些设备操作较复杂，需要专业技术人员才能操作，那么还需说明这一专业性，以及是否已拥有这方面的专业技术人员，如果没有则要提出解决方法，比如通过招聘专业技术人员来解决这一问题。

（5）产品标准、质检和生产成本控制

对有产品质量和检测要求的产品来说，需要对从原材料进厂到销售各

个环节严格把关才能保证产品生产合格，在这一过程中需要有相应标准以保证生产经营有条不紊地进行。

在商业计划书中对这类产品进行描述时，要描述清楚产品的标准和质检要求是什么，如果在商业计划中有对产品和服务的介绍内容，并且在该内容中已说明产品标准和质检要求，在这里就不用再次说明。

生产成本控制是指在生产过程中对生产消耗的监督和控制，使其不超过计划和定额，最终不超过总目标成本，保证企业经营能够盈利。在介绍生产成本控制时可从以下几方面来说明。

- **采购价格控制**：在保证采购的原材料规格、质量符合要求的前提下，控制原材料的采购价格、运输费用等。

- **库存控制**：仓库人员要控制原材料的保管费，做好限额发料、退料、补料、回收废料等工作。

- **生产过程控制**：生产人员要控制材料利用率、回收率等，严格按照生产流程进行操作，对原材料消耗的数量进行控制。

- **能源消耗控制**：对水、电、气、油等动力能源进行控制，尽量选择低消耗的设备，采用节能措施控制产品生产过程中能源的消耗量。

- **废品控制**：对生产过程中产生的废物品进行控制，降低产成品成为废品的可能性，对已发生的废品提高废品修复率。

- **制造费用控制**：对生产人员工资、折旧费、办公费、修理费等制造费用进行控制。

（6）包装与储运

包装与储运的内容可以在产品与服务的内容中进行介绍，也可放在产品生产的内容中进行阐述。这部分内容比较简单，只需说明产品是如何进行包装和储运的即可。

写作提示

在商业计划书中书写风险分析的内容时，有时会感到比较困难，这是因为没有运用风险分析的方法，掌握风险分析的方法能够帮助我们更好地进行风险分析。

掌握风险分析方法

我们在商业计划书中所展现的风险分析的内容，都是进行风险分析后总结的结果。风险分析主要有 5 个步骤，分别是风险识别、风险估计、风险评价、风险对策和风险分析结论。

在进行风险分析时首先需要识别可能存在的风险有哪些，找出导致风险发生的条件因素。我们可利用风险识别调查表来描述风险来源、类型及特征等，如表 4-2 所示。

表 4-2 风险识别调查表

风险因素	风险原因	风险事件描述	风险后果
资源风险	供应商提供的原材料不符合要求	所采购的材料不符合生产要求	产品质量和安全性无法达标
管理风险	管理体制不完善，员工整体素质不高	人员流动较大，人力资源成本增加	影响企业发展，市场竞争力减弱

续表

风险因素	风险原因	风险事件描述	风险后果
技术风险	生产设备落后，不能满足产品生产要求	产品生产效率低，增加生产成本	产品市场竞争力不强，产品销路不畅

风险识别调查表的内容除了包括风险因素、风险原因、风险事件描述和风险后果这几项外，还可以加入风险说明、风险识别依据等项目。

完成风险识别的工作后，就可以进行风险估计了，估计出风险事件发生所造成的损失或对项目产生的影响。风险估计常用的方法如图 4-2 所示。

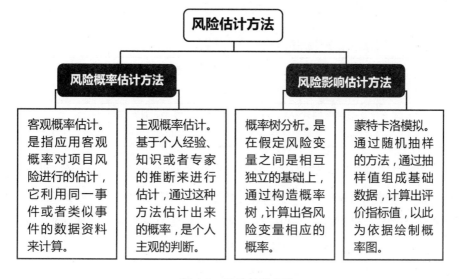

图 4-2　风险估计方法

对风险的评价是建立在风险识别和估计的基础上的，评价风险的影响程度，并决定是否要采取相应的措施进行防范和控制。风险评价可分为单因素评价和整体风险评价，两者的含义如下。

- **单因素评价**：指对单个风险因素的影响程度进行评价。

- **整体风险评价**：指评价风险对整个项目的整体影响程度，它是对若干风险因素综合分析的结果。

在对风险因素进行评价时可将风险划分为不同的等级，以确定风险大小，如表 4-3 所示。

表 4-3　风险等级表

风险等级	风险影响程度	表示符号
重大风险	发生可能性极大，对项目的影响程度极大，可能会影响项目的正常开展或启动	1 级
较大风险	发生可能性较大，对项目的影响程度大，但造成的损失在承受范围内	2 级
一般风险	发生可能性不大，对项目的影响程度不大，不会对项目造成太大损失	3 级
较小风险	发生可能性较小，对项目的影响程度较小，且损失较小	4 级

对已经识别和评价的风险，要提出相应的应对策略，从而有效避免风险的发生或将风险损失降低到最小。制定出想要的应对措施后，此时便可对风险分析的结果进行归纳和概述说明，一般使用表格表示，更全面、清晰且直观，常见的风险分析结论如表 4-4 所示。

表 4-4　风险分析结论

风险因素	风险等级	风险管理部门	风险分析	应对措施
资源风险	3 级	材料采购部门	自然灾害会造成当年材料收成歉收，从而使得生产延误	如果发生大面积自然灾害，某产地当年收成歉收，我们在合同中可以进行延期交付，也不会发生坏账风险

风险因素	风险等级	风险管理部门	风险分析	应对措施
市场风险	2 级	市场部	市场风险无处不在，竞争者竞争及产品价格的波动会影响盈利率	进一步提高产品质量，降低产品成本，加快对新产品的开发进度，制定合理的销售价格，实施产品品牌战略
财务风险	4 级	财务部	财务风险出现概率较小，但仍不能排除发生的可能	加强对资金运行情况的监控，最大限度地提高资金使用效率，做到组合投资，减小投资风险
管理风险	2 级	人力资源部门	人员流动，对关键雇员过于依赖会导致管理风险的出现	密切关注公司的核心竞争力培养，培育良好的企业文化，对人才形成良好的吸引力，并降低公司日常工作对在岗人员的依赖，并形成人才后备梯队

产品生产过程写作技巧

产品生产会经历原材料购买、投入、产出等过程，在这一过程中还会进行运输、设备维修等活动。并不是所有的公司在写商业计划书时都需要写明产品生产这部分内容，对许多销售类公司，比如商场、代理商等，他们并不需要生产产品因此这部分内容在商业计划书中不必体现。

只有生产类的公司才需要介绍产品生产的内容，这一点是在书写商业计划书时需要注意的，在写作时不能生搬硬套将所有内容都加入其中，而要选择合适的内容。

对生产类的公司来说在书写产品生产这部分内容时要注意，应体现产品生产的整个流程，按照产品生产过程来书写这部分内容。这就要求在内容安排上有先后顺序，比如在介绍产品生产时按照包装与储运、现有生产条件和生产能力、资源及原材料供应、产品标准和生产成本控制、扩建设施这样的顺序来书写就会显得结构混乱。

因为投资人会关注公司是否有很好的生产成本控制措施来增加公司的盈利，所以对生产成本控制进行分析也比较重要，然而许多商业计划书常常忽略这点。

产品生产的过程实际上是对人力、设备、材料等生产资源进行配置的过程，合理的配置能有效提高生产率。因此在产品生产过程描述中，可突出公司能有效指挥工人，善用机器，拥有先进的生产组织理念和方法。

有些产品的生产过程复杂，通过文字描述可能让人难以理解，这时可使用生产流程图来表示，它无需使用过多的专业术语和文字描述，就可以清楚地让人理解产品的生产过程，如图 4-3 所示为某产品生产加工流程图。

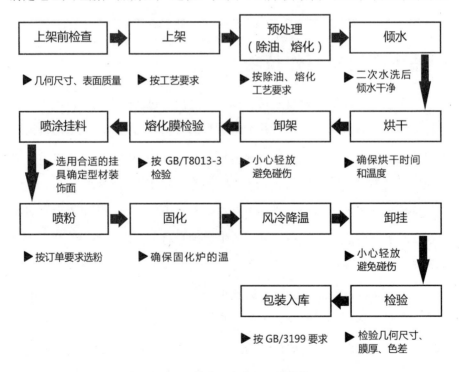

图 4-3　某产品生产加工流程图

第5章

产品研发、技术专利类
商业计划书

目前，拥有自主研发产品和技术专利的企业已经越来越多，这类企业的技术、品牌优势明显，同时他们也在选择适宜时机扩大生产规模，提高市场占有率。其中有些企业将眼光放在了国际市场，寻求进一步的发展。为了实现企业总体目标，他们需要商业计划书来融得发展资金。

案例：
××高科技公司商业计划书

商业计划书中对团队成员的介绍是必不可少的，详细的介绍可以加深投资人对企业的理解，特别是对初创公司来说，最有卖点的往往是你的团队，好的团队会为商业计划书加分不少。下面以××高科技公司商业计划书为例，来看看团队介绍的相关写作要点。

简单介绍你的团队

公司的成功经营都离不开团队成员的共同努力，在商业计划书中向投资人介绍管理团队的能力显得尤为重要，下面来看看××高科技公司商业计划书中关于团队介绍的内容。

范例节选

　　第七章、管理团队

　　7.1 团队介绍

　　经过历年的发展，完善且具竞争力的管理、开发、生产与销售团队业已形成。

　　我们的顾问组有行政优势，同时极具业内号召力，由刘××（本商业活动的核心创业人员；产品技术第一发明人；中国洗净协会副理事长；河北工业大学微电子专业学术带头人）、徐××（国家信息产业部科技司司长；中国洗净协会会长）、孙××（中国洗净协会秘书长）构成。

　　管理者精通专业、生产经营管理经验丰富且年轻有为，由刘××（材料专业学士学位；企业管理硕士研究生；中石化工程建设公司企业发展部部长、支部书记；中石化工程建设公司多种经营处处长）担当。

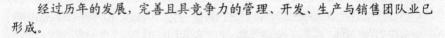

市场营销队伍精通应用、熟知工艺、更有渠道优势，以郝××（洛阳单晶硅分厂厂长）、陈×（美国抛光系列产品上海销售主管）、张×（中科院半导体集成电路研究室主任）三人为核心。

技术与服务由多年从事本系列产品研发与应用的技术人员来领衔，技术精湛、业务水平高。他们是檀××（副教授/博士；河北工业大学微电子所）、张××（设备主管/教授；河北工业大学微电子所）、张××（研究员/博士；河北工业大学微电子所）。

另外，我们的团队核心凝聚力强、文化层次高、年龄结构合理，这都为企业的发展奠定了基础。

点评分析

公司想要持续发展，"人"是非常重要的因素，而创业者是否能创业成功，很大程度上也取决于是否拥有一支优秀的团队。投资人在阅读一份商业计划书时，也会考核和评估团队的能力，因此商业计划书的制作者要对这一部分内容引起重视。

在范例节选的内容中对管理、开发、生产与销售的团队进行简单的介绍，向投资人展示了一个高素质的管理团队。那么我们在进行团队介绍时又应该怎样书写呢？

进行介绍时要简单介绍团队成员，包括团队的董事、关键雇员及高层管理人员的背景、经历、任职岗位等，让投资人看到团队成员的优势、特长和价值。团队成员的优势可以体现在产品技术开发、财务管理、市场营销或管理能力方面，让投资人认识到团队成员的这些优势能够保证公司得到良好的发展。

在团队介绍中要体现这支团队是一支强有力的管理团队，还要体现他们的职业道德、能力及素质，以及团队成员互补性和完整性。这一点在本例中也得到了体现，这些团队成员都拥有高学历，具备不同领域的专业技能和知识，使得管理团队成员能够互补。由于只是对团队成员进行简单介绍，所以不必对团队成员进行逐一介绍，可以在展示团队主要成员时对成员进行全面介绍。

展示你的主要成员

对管理团队有了简单介绍后，还需要对主要成员进行介绍，说明成员的名字、经验、技术水平等，下面来看一个案例。

范例节选

7.2 核心人员情况

刘××是产品的第一发明人、企业法人代表、教授、博士生导师、第九届全国政协委员、国家级有突出贡献的中青年专家、国家清洗协会副理事长、全国高校科技先进工作者、国家自然基金评委、河北工业大学微电子专业学术带头人、研究所所长、河北省省管优秀专家、河北省学位评审委员会专家、河北省十大发明家。

近二十多年来，在半导体器件和超大规模集成电路的基础材料（如 IC 硅单晶衬底材料抛光与检测新技术及清洗材料；硅外延材料制备新技术；硅/硅材料键合新技术；硅单晶片新型抛光材料；IC 衬底材料有害金属杂质与二次缺陷控制新技术及半导体材料在器件制备中的性能变化；晶闸管的造型优化与玻璃钝化；分立器件与大规模集成电路制备技术优化）等多种材料的更新换代、技术创新方面取得多项重大发明成果。

作为第一发明人获国家发明奖五项（包括 FNO‐MOS 型抛光液 1982 年获国家发明四等奖；硅外延 BC 技术 1987 年获国家发明三等奖；硅器件衬底滑移线消除技术 1990 年获国家发明四等奖；FA/O 无磨料均腐蚀抛光液 1990 年获国家发明三等奖；用化学方法提高固体表面光洁度 1999 年获国家发明三等奖），省部级科技进步奖十八项，国家专利两项，国内外发表技术论文 100 多篇，编写了《实用发明创造工程学》、《压力传感器设计制造与应用》等独具特色的高校教材，培养硕士、博士 20 余名，并创建了微电子技术与材料相结合的产学研创新实体及具有博士学位授予权的省级重点学科。2000 年获国家科技部科技型中小企业创新基金100万元，2001年获国家纳米材料产业化基地"十五"重大攻关项目无偿资助100万元。其技术及产品已在冀、京、津、沪、苏、浙等10多个省市的引进生产线上取代了美、日进口产品，实现了更新换代，创造效益近亿元，其中FA/O纳米磨料抛光液已开始进入国际市场。

在国内微电子制备技术及相关材料领域享有较高的声誉，在国际上也具有一定的影响，曾任×××科技有限公司高级技术顾问，德国××公司正积极与他进行技术合作，其"硅片无磨料抛光工艺技术研究"于1999年被国际经济评价（香港）中心评为世界华人重大科学技术成果。

刘××是××科技有限公司副总经理，材料专业学士学位，企业管理硕士研究生（在读），本次项目的项目经理。曾参加多项国家重点石化工程建设的设计、施工、管理等工作，项目管理经验丰富。曾任×××北京公司团委书记、党委工作部部长，公司各大工程项目项目经理、项目行政经理，曾任××工程建设公司企业发展部部长、支部书记，×××工程建设公司多种经营处处长，××高科技有限公司副总经理等职务。该同志参与多项公司及研究所产品开发推广项目，获国家发明奖，发表技术论文6篇，在公司和研究所中推广矩阵式项目管理成绩卓著，使公司和研究所的项目管理又上一个台阶。其他团队人员如下：

姓名	性别	年龄	职务职称	业务	所在单位/职务
徐××	男	40	高级顾问	顾问	国家信息产业部科技司司长；中国洗净协会会长
孙××	男	41	高级顾问	顾问	中国洗净协会秘书长
郝××	男	42	市场推广	营销	洛阳单晶硅分厂厂长
陈××	男	39	市场推广	营销	美国抛光系列产品上海销售主管
张××	男	39	市场推广	营销	中科院半导体集成电路研究室主任
檀××	女	33	副教授/博士	微电子	河北工业大学微电子所
张××	男	54	设备主管/教授	微电子	河北工业大学微电子所
张××	男	26	研究员/博士	微电子	河北工业大学微电子所

点评分析

在商业计划书中对团队成员进行介绍时，并不需要展示所有的成员，只需介绍主要的成员即可。在范例节选的内容中，对其中一个主要成员进行了重点介绍，其他成员则简单介绍了其基本情况。我们在商业计划书中展示团队成员时，也要对关键性的成员进行详细介绍，这些关键成员通常是领导层成员，他们包括。

● 董事会成员或创始人。

● 关键雇员，包括人事部、财务部、营销部、运营部等各部门的经理或主管。

在介绍这些主要成员时，可以从以下几方面进行描述。

● 名字或头衔

说明总裁、董事会成员、顾问及其他关键雇员的名字、年龄、职位及他们的头衔，头衔可以体现成员的身份、专业或学术资格，学术头衔包括副学士、教授、副教授、硕士、博士等。

● 教育背景

教育背景是对一个人学习环境和学习能力的概述，介绍教育背景可以从学校、院系、专业、学位方面来概述。投资人通常不会只关注成员的顶级文凭，因此有必要强调个人的能力适合该岗位，可以把专业知识和职位结合起来进行描述。

● 经验和技术

在介绍团队成员时要突出成员的从业经验和技术，介绍成员曾经担任过什么职务，完成了哪些项目，取得了哪些重大成绩及他们分别具备哪方面的技术能力。

● 领导或管理能力

这些主要成员都处在关键职位上，他们的领导或管理能力对公司未来的发展会带来影响。因此需要描述主要成员在管理方面的能力，这些能力包括沟通能力、协调能力、执行能力和培训能力等，将他们在这些方面表现出的优势展现出来。

● 顾问成员

在本例中还可以发现还对顾问进行了简单介绍，列示了公司的顾问名单，说明了他们的职位、年龄等。如果自己公司拥有财务、公关关系、运营及其他方面的顾问，在计划书中也要介绍他们，因为他们是指引公司发展的一部分。顾问成员通常包括这样一些，如表 5-1 所示。

表 5-1　常有的顾问成员

顾问类型	作用
管理顾问	管理顾问会为公司发展提供建议和改进措施
法律顾问	法律顾问可以为公司提供法律风险，帮助公司防范未来的法律风险，处理已经存在的法律问题
财务顾问	财务顾问为公司提供投融资、资本运作、资产及债务重组、财务管理等提供咨询服务
品牌顾问	品牌顾问为公司提供品牌指导，他们可以帮助公司完成自身品牌建设

每个公司对顾问的要求不一，在介绍顾问成员时可先对顾问进行简单的个人介绍，再介绍其专长，最后说明其在专业领域的贡献。

提示

管理团队介绍的内容可以放在商业计划书的最前面，也可以放在靠后的位置。具体放在哪个位置取决于管理团队是否足够优秀，如果管理团队拥有过人的能力或业绩，这时可以放在前面，如果团队比较弱势可以放在后面。

除了使用本例的表现形式来介绍团队成员外，还可以通过制作团队成员的精简版简历来介绍他们，精简版简历可以按照姓名、年龄、学历、经历、职位这样的格式，如下所示是某商业计划书精简版简历内容。

运营部主管：

姓名：李××。

性别：男。

学历：本科学历，计算机专业。

曾任××电脑公司东北地区营销代表，现为公司东北地区业务总经理，负责网站的主要策划、运营。

案例：
××手机研发商业计划书

拥有了高素质的管理团队后，还需要建立良好的组织结构才能更好地管理好公司。在对团队成员进行介绍后，还应对公司的组织结构进行介绍，包括组织机构图、各部门的功能与责任、各部门的负责人等，下面以××手机研发商业计划书为例来讲解组织结构的写作要点。

组织结构体现了各部门之间的一种相互关系，是整个管理系统的框架。关于组织结构的内容通常会在团队成员介绍完成后进行阐述，但也可单独作为一个部分进行阐述，下面来一个案例。

范例节选

精彩案例展示

第二部分　公司组织结构

公司总部组织结构图:

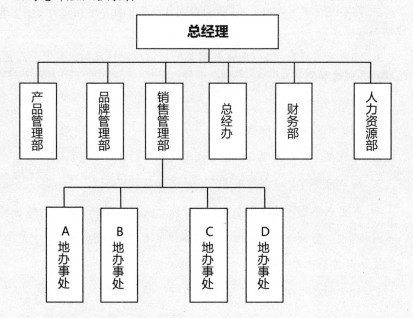

组织结构设立原则:

合资公司成功的关键在于制定并执行正确的产品策略及销售策略。公司不需要建立大量的分支机构在各地负责具体执行,这些工作主要由代理商和其他协作公司完成。为此,公司首先必须建立一个由高素质人员组成的强大总部,能完成策略的制定和实施。其次,公司必须建立一支专业的渠道管理队伍,隶属于销售管理部门,专门在各地市场上督促配合支持代理商促进公司产品的销售。

人员组成原则:

在产品引进、生产计划管理、销售管理方面必须引进职业化的高级人才掌管核心部门,保证在核心业务的管理上达到国际化、专业化水准。

各部门主要职能：

一、产品管理部

1. 根据市场需求负责制定公司具体的产品规划。

2. 同 DES×××-HO××（设计公司）就手机技术方案进行寻找、洽谈、协调、改进。

3. 在方案引进后，和 OEM 厂商共同商订原材料采购、制定生产排期、跟踪产品制造和到货。

二、销售管理部

1. 制定产品渠道和价格政策。

2. 寻找指定产品代理商，监督促进代理商的渠道销售。

3. 同其他协作公司合作跟进产品物流和售后服务。

4. 在重点销售区域设立办事处，督促、支援、配合代理商的销售。

5. 收集、整理、分析来自一线的各种市场销售信息。

三、品牌管理部

1. 负责制定品牌、广告、公宣、促销、推广策略。

2. 负责同广告公司、制作公司合作进行广告、包装、各类宣传品、促销用品的设计制作。

四、人力资源部

1. 根据公司发展需要编制人力资源需求计划和业绩考核计划。

2. 负责人员招聘、任免、薪酬、福利、晋级管理。

3. 开展工作技能培训。

五、财务部

负债公司资金的收支、筹集、使用，账务处理和税务办理。

六、总经办

负责公司的公关事务和对外宣传，并负责企业文化建设。

点评分析

公司管理的好坏，关系到经营风险的大小，而组织结构体现了公司管理的结构。本例中，将公司的组织结构图展示了出来，明确了组织内部各部门之间的关系。

组织结构能够使成员在组织中都有各自的位置、权力、责任，都能发挥各自的作用。公司必须有一个特定的框架来为资源、信息的流动提供流动方向和程序的约束，从而保证公司有序、高效地运行。

不同的组织结构具有不同的优缺点，而公司到底该采用哪种组织形式是根据公司的发展规模、战略定位、经营方式等因素来决定的。

在商业计划书中介绍组织结构时，最好使用图形来表示，这样可以使组织结构更加清晰明了。同时也可以使用表格来表现内部部门的设置情况，并说明相关负责人，表 5-2 所示为某公司内部部门设置情况。

表 5-2 内部部门设置情况

序号	部门名称	负责人	联系电话
1	总经办	张××	010-×××××
2	产品管理部	刘××	010-×××××
3	销售管理部	李××	010-×××××
4	品牌管理部	罗××	010-×××××
5	财务部	王××	010-×××××
6	人力资源部	郭××	010-×××××

对许多初创团队来说，他们的组织结构并不完善，也不太合理，这种不合理造成的后果就是随着公司的发展，出现权责不分、信息获取滞后、工作落实困难等问题。因此在创业初期就设置合理的组织架构是很有必要的，对初创团队、中小公司来说，设置组织架构时要注意以下事项。

（1）要满足未来3~5年规划

现有的组织结构应满足未来3~5年公司战略发展的需要，之所以要满足3~5年发展的需要，这是因为组织结构会在一定时期保持稳定，而随着公司业务和规模的扩大，现有组织结构可能不再符合公司的战略目标和实际情况，这时公司将不得不调整组织结构。记住组织结构应服从于战略，而战略决定了组织结构。

（2）部门职责清晰

设置的组织结构要做到部门职责清晰，并且员工有明确的上升空间。不管是老员工还是新进的员工都能分工协作，知道哪个部门负责什么，明白自己的职位是什么，在自己的岗位应该做什么。组织结构应保证团队成员在承担责任的同时，也拥有相应的权力。

（3）各部门能很好地协调和沟通

科学的组织结构不会让各部门之间的沟通和协调变得困难，相反它会为各部门提供沟通和协调的平台。中小公司的组织结构应该是简单的，切忌出现层级过多和重复领导的问题。

完成组织结构的设置后，还需查看其合理性，可通过回答以下问题来检测。

- 查看组织结构是否符合公司现在发展的需要，是否能很好地满足客户需求，是否能促进经营业绩的提升。

- 组织关系是否清晰，各部门分工是否明确，是否能更好地完成工作，公司的管理制度是否能有效实施。

- 部门、岗位的设置是否合理，各岗位员工是否能在岗位上发挥各自的作用。

在商业计划书中介绍了组织结构图后，还可以阐述各部门的功能和职责范围，只需阐述在组织结构图中涉及的相关部门或重要岗位即可，重要岗位通常包括董事长、总经理、副总经理、财务总监、市场总监、人事行政总监、生产总监、运营总监、技术质量总监。重要的部门通常包括销售部、市场部、技术研发部、财务部、人力资源部、售后服务部等。

在上述的例子中没有对未来的组织结构发展进行预测，在实际的写作中可以根据需要加入这部分内容。

在书写这部门内容时，可以按照公司发展的不同阶段来设计。下面来看看另一公司商业计划书中关于组织结构发展预测的部门内容，可以作为写作的参考。

5.2.1 第一阶段

公司初创阶段，由 3 位队员每人出资 10 万元，寻求风险投资商的投资 14 万元，以资产抵押的形式贷款 10 万元共 54 万元作为初期资本。由 3 人分别担任公司不同部门经理，与最初董事会成员组建公司。我们设计了职能制的组织结构形式。职能制组织设计的最大优点是具有明确性和高度稳定性。而在创业初期企业最需要的就是简明的组织方式（如下图）。

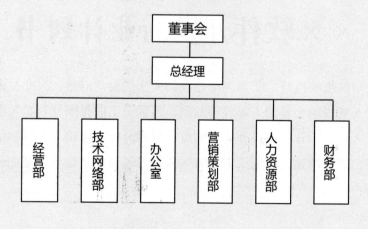

5.2.2 第二阶段

此时公司的规模逐渐扩大，公司增加了监事会、研发部门与经营部门改变为分支办事机构。结构图如下。

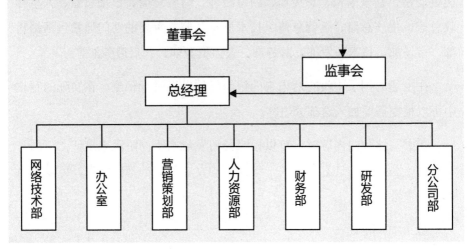

案例：
××软件开发商业计划书

公司的报酬机制、奖惩制度是我们无法回避的问题，因此在商业计划书中还要说明公司的人事管理制度，包括员工的报酬计划、人员任用计划、人员培训计划及其他具体制度，这部分内容通常会在组织结构介绍完成后进行阐述。下面来看看××软件开发商业计划书中是如何介绍这部分内容的。

范例节选

6.4 人力资源管理机制

6.4.1 人力资源规划

部门＼人数＼年份	2003 年	2004 年	2005 年	2006 年	2007 年
总经理	1	1	1	1	1
副总经理	2	3	3	3	3
市场部	10	20	25	30	35
数据库部	10	15	18	20	20
工程部	10	10	10	10	10
开发部	20	24	28	32	35
财务部	3	4	4	4	4
行政人事部	3	4	4	4	4
总计：	59	81	93	104	112

注：研发人力资源包括软件开发人才和金融量化分析及数理统计基础研究人才两个部分。目前，××直接从事软件开发的就有 11 人，全部具有本科以上学历，平均年龄不超过 28 岁。随着产品开发的深入，预计今明两年我们共需引进高级软件工程师 2~3 名，专业程序员 6~8 名。同时由于产品在金融证券专业化领域的不断深入，我们还迫切需要引进金融量化分析人才和数理统计专才，预计将在今年内引进富有行业经验的高级金融量化分析人才 1~2 名，高级数理统计基础研究人才 1~2 名，他们至少具有专业硕士学位，两年以上的行业从业经验。

6.4.2 薪酬制度与激励机制

××所有员工的报酬将由以下几部分构成：

（1）基本工资：我们将根据岗位的差异设置不同的底薪，并根据《劳动法》的规定提供相关的保险和福利；

（2）绩效奖金：与对员工的业绩考核挂钩。

此外，公司将在未来若干年内，逐步拿出公司一部分股份以期权的形式奖励给核心技术人员和高级管理人员持有，使其利益与公司业绩直接挂钩。

6.4.3 员工考核制度

公司实行严格的绩效考核制度：公司部门主管每月将对员工进行业绩考评并与奖金挂钩，总经理则对部门经理进行考核，总经理的业绩将由董事会评估和考核，公司每年将对全体员工的业绩进行两次评估并与每人的工资级别挂钩。

点评分析

公司的人事管理制度是公司管理的一部分，不管是中小型公司还是大型公司都需要建立自己的人事管理制度。公司之间的竞争也是人才的竞争，公司作为市场主体必须重视人力资源管理。那么在商业计划书中又该如何介绍这部分内容呢？

通过范例节选的内容可以看出关于人力资源管理的部分，介绍了人力资源规划、薪酬制度与激励机制和员工考核制度这 3 方面的内容。我们在具体写作时可以参考以下内容来书写。

（1）人力资源现状

人力资源现状要展现公司现有的人员配备情况，在本例中，使用表格将不同年份和部门的人数表现了出来。除了使用表格的表现方式外，还可以使用饼状图来表示。将部门分为高层、中层、基层或分为行政部、财务部、销售部，将不同部门的占比用饼状图表示。这样可以更加清晰地看出各部门员工的占比情况。

图 5-1 所示为中、高、基层员工占比情况和各部门员工占比情况饼状图的表现形式。

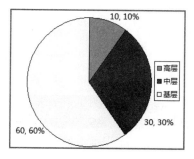 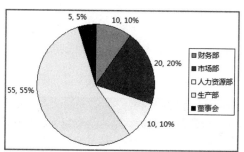

图 5-1 中、高、基层员工及部门员工占比饼状图

　　分析了公司员工的占比情况后，还需要对队伍结构进行分析，包括公司成员的年龄结构、学历结构、资质或职称结构等，如本例中说明了队伍的平均年龄和学历。在分析队伍结构时不能单纯将数据罗列出来，还需对结构的优缺点进行简单的阐述。比如公司 30～40 岁年龄阶段的员工占比较多，那么优势就可以表述为：30～40 岁员工都拥有一定的工作经验，同时渴望成长突破，该年龄阶段员工占比较多，使得团队具有活力和朝气，同时具有创新力和执行力。

　　如果公司取得职称的员工较少，是公司人力资源现状的劣势，那么对这一劣势就可表述为：取得职称的员工占比为 2%，员工职称和资质持有率太低，有待提升。说明了存在的劣势后，需要说明解决的方法，比如招聘高学历员工、加强员工培训、鼓励员工参加自学考试等。

（2）人力资源考核和激励

　　人力资源作为职能部门有不同的考核制度，而有效的激励制度则会让员工充分发挥自身作用，在商业计划书中要说明考核和激励机制。

　　人力资源考核方式有多种，包括转正考评、月度考核、年度考核、晋升考核、绩效考核等。在阐述这部分内容时要说明通过考核如何促进内部管理机制有序运行，如何提高员工积极性和工作能力。这部分内容使用表格展现效果更好，如果公司考核制度并不是特别多，也可用几句话简单表述，表 5-3 所示为某公司考核制度。

表 5-3　某公司考核制度

考评种类	评价因素	考评方法	实施时期	考评对象	主要目的
入职考核	工作态度、能力	员工入职考评表	试用期一个月内	试用期员工	转正考评
产品知识	产品知识熟悉度	产品知识考评表	每 3 个月考核一次	转正员工	提高员工业务能力
月度考核	工作态度、工作绩效	月度考评表	每个月考核一次	全体员工	工作态度考察
年度考核	工作能力、工作态度	年度考评表	每年年底考核一次	全体员工	晋升、年终奖评价

　　人力资源管理的核心是以人为本，许多公司都存在人才流动量大、人力成本消耗大等问题，公司要留得住人才就需要建立合理有效的激励机制。实施激励机制的方式有以下几种。

● **物质激励**：是指通过工资、奖金、津贴等激励员工。合理的薪酬制度是物质激励有效实施的基本条件。

● **竞争激励**：通过公司内部岗位、奖金系数等的竞争能够让员工的潜能得到发挥，同时提高员工工作的积极性。

● **目标激励**：制定有一定难度，但通过能力实现的目标，让员工为实现这一目标而努力。运用目标激励时要注意这一目标要与员工切身利益、且难度要适当，目标要具体。

● **奖罚激励**：奖罚激励是比较常见的一种激励方式，包括表扬、晋级、奖金、出国旅游等奖励方式，或批评、开除、罚款等惩罚方式。

　　在商业计划书中介绍这部分内容时要突出公司"重视人才，以人为本"

的观念，体现制度的合理性和公平性。

（3）薪酬福利制度

薪酬制度是公司管理重要的组成部分，它也属于一种激励制度，并且是最重要、最容易使用的一种激励制度。不同的岗位薪酬制度是不同的，通常来说，针对营销人员会采取"底薪+提成"的薪酬制度，而对高层管理人员则采取"年薪+福利+长期激励"的薪酬制度。

在介绍这部分内容时要突出报酬与劳动相结合的特点，让高能力的员工获得高回报。

（4）人才培训和开发计划

公司不仅要培养人才，还要挖掘人才，通过培训、训练等方法来提高他们的业务能力。在对前面几方面的内容介绍完成后还需说明如何进行人才的选拔和培养。

写作提示

我们已经知道了在商业计划书中如何书写组织结构和管理团队的内容，下面就来看看其他写作要点。

如何设计组织结构

对很多初创公司或者还未建立创业团队的公司来说，他们的组织结构并不是特别完善，甚至可能还没有自己的组织结构，但是一个公司的发展需要一个完善并能根据实际情况调整的目标体系。

投资人在考察公司时，也会想知道公司的组织结构是怎样的，或者未来的组织结构是怎样的。对还没有自己的组织结构的创业团队来说，选择并设计自己的组织结构是很有必要的。组织结构设计把公司的任务、流程、权力和责任重新进行有效组合和协调，它包含以下几方面内容。

（1）职能设计

职能设计是指对经营职能和管理职能进行设计，在对职能进行设计时首先要列出职能清单，可从基本职能和关键职能两方面来罗列。先列出基本职能，包括财务、营销、生产、人事、市场、研究发展等，再从基本职能中找出关键职能，通常包括技术开发、生产管理、质量安全、市场营销、成本控制等。

关键职能是由经营战略决定的，比如，为了实现占有 10%的市场占有率的经营战略目标，营销职能就必须取得优异的成绩，这时就可把市场营销列为关键职能。

完成职能清单后，需明确不同职能的具体职责，以便指导组织结构设计中的其他操作，比如部门设计。

（2）框架设计

框架设计是指对各部门进行纵向和横向划分，选择不同的组织结构形式，框架设计的样式也会不同。组织结构有多种形式，包括直线式、矩阵型、职能型、事业部制。

● **直线式**

直线式是最简单的组织结构形式，实行直线垂直领导，公司的重要决策都有最高管理层决定。大多数初创公司都采用的是直线式，它的优点在于权力集中、指挥统一、责任明确、机构简单。

缺点在于对领导层的要求很高，易出现决策失误，当公司有了一定规模后通常就不再适用了。它通常适用于规模不大，职工人数少的中小型公司，常见的直线式组织结构框架如图5-2所示。

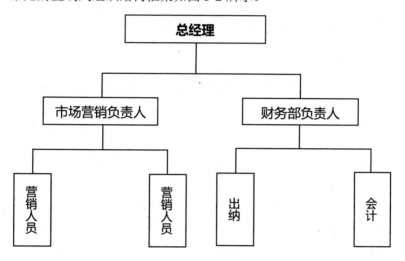

图 5-2 直线式组织结构框架

● 矩阵型

矩阵型的组织结构是按照不同的项目来矩阵排列各部门，使员工既和职能部门有联系，又能与业务有联系。

它的优点在于将公司的横向与纵向关系相结合，促进了资源的共享，加强了部门之间的联系，有利于协作生产，提高项目的完成效率和质量。缺点在于人员上的双重管理可能导致管理困难，产生矛盾。

矩阵型的组织结构通常适用于需要各部门协作开展的临时性、复杂的重大项目，常见的矩阵型组织结构框架如图5-3所示。

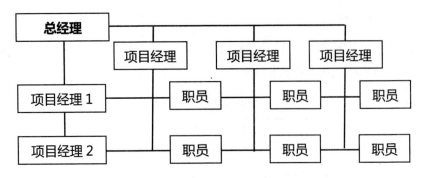

图 5-3　矩阵型组织结构框架

● 职能制

职能型组织结构又叫作多线性组织结构，它按职能来组织部门分工，各部门都有权在业务范围内向下级下达命令。职能制组织结构的优点在于各部门分工明确，部门人员各自履行一定的职能。缺点在于没有一个对项目直接负责的中心，跨部门合作困难。

职能制组织结构适合于产品品种单一，经营管理简单，部门较少的中小型公司，当公司发展到一定规模，随着产品品种的增加和市场的扩大，内部和外部环境变得复杂时，这种组织形式就会暴露出发展不平衡和难以让各部门协调的问题，这时就不会再采用职能制组织结构。常见的职能制组织结构框架如图 5-4 所示。

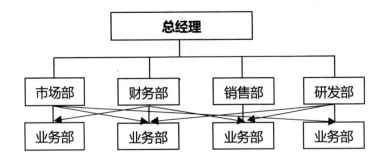

图 5-4　职能制组织结构框架

　　职能制组织形式中还有一种直线职能型组织结构，这种组织结构在大型公司中使用最普遍。它以直线为基础，在各主管部门下设置对应的职能部门，下级部门要受上级部门的管理，受同级部门的监督和指导。

　　直线职能型组织结构的优点在于，各部门责任清晰，利于统一指挥，提高管理效率。缺点在于各部门横向联系差，如果直线部门与职能部门目标不统一，容易产生矛盾。常见的直线职能型组织结构框架，如图5-5所示。

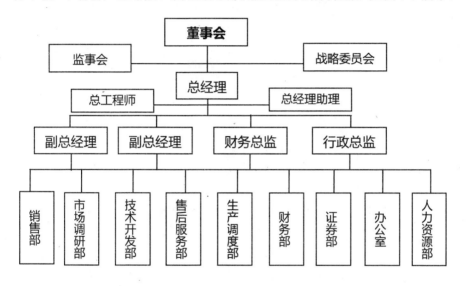

图 5-5　直线职能型组织结构框架

● 事业部制

　　事业部制组织结构又称分公司制结构，它按照产品、地区或市场来划分部分，比如快销品销售公司，按产品可以分为矿泉水销售事业部、碳酸饮料销售事业部、果乳饮料销售事业部。按地区可分为东北地区事业部、西北地区事业部。

　　它的优点在于每个事业部都有自己的产品和市场，各事业部能够根据市场灵活地做出决策。同时，高层领导也可摆脱日常繁杂的事务，集中精力考虑全局问题。它的缺点在于一定程度上增加了管理成本，各事业部独立经营，易产生本位主义。事业部制组织结构适用于公司产品较多，市场分布广泛的公司。常见的事业部制组织结构框架，如图 5-6 所示。

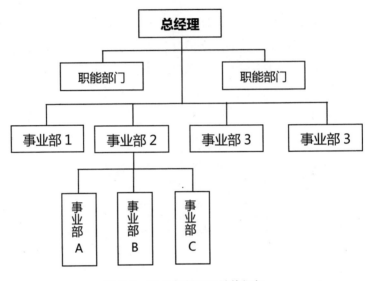

图 5-6　事业部制组织结构框架

- 协调设计

完成框架的设计后，还需要对各部门进行协调，完善框架图，发挥管理系统的整体效应。

管理团队介绍注意事项

前面我们已经知道了在介绍管理团队时要介绍哪些内容，下面来看看关于团队介绍的注意事项。

【成员人数】

通常情况下，在介绍管理团队时只需介绍 3～6 个核心成员即可，由职位高低依次介绍。

【突出工作经验和历史业绩】

公司给予某位成员重要的职位肯定有其原因，这个原因通常不会是教育背景，而是该成员的经验和业绩。

作为公司的高层人员，他们通常都拥有丰富的工作经验、本领和能力。在介绍团队成员时，应该突出的是他们在某大公司的工作经验，过去的成功经历，因为这些才最能体现成员的真实能力。

【个人能力要与商业技能结合】

商业计划书中应该解释团队成员的特别能力，对许多高新技术公司来说，将个人技能与商业技能结合起来更为重要，因此应说明管理团队如何利用专业技能和知识来创造价值。如果公司成员的个人能力还欠缺，那么需要说明管理团队现有能力与需要的能力之间有怎样的差距，并说明会通过怎样的努力来填补这个差距。

如果领导层存在空缺，那么应说明领导层在哪些方面还需要哪些人员，以及如何获得这些人员等。

如何制定合理的薪酬制度

对许多初创团队来说，他们通常需要制定薪酬体系，这样才能在商业计划书体现这部分内容。在设计薪酬制度时，首先要遵循五大原则，如图 5-7 所示。

公平性原则	薪酬制度应符合对内和对外公平的原则，对内指取得业绩与所获得报酬对等，工作相同、能力相当的员工报酬对等，对外公平指公司员工与同行业同样岗位的员工相比报酬相当。
遵守法律原则	公司设计的薪酬制度应该符合相关法律法规的规定，比如最低工资规定、劳动法等。
效率优先原则	是指花最少的资金，取得最大的效益，这是一种理想状态，但可以通过合理设计薪酬制度尽可能达到这一理想状态。
激励限度原则	薪酬激励应该有一定的限度，在通过薪酬制度激励员工努力工作的同时也要考虑到成本。
适应需求原则	设计的薪酬制度应该以员工需求为核心，这样才能起到激励的效果，比如公司付给员工的薪酬是公司的产品，但员工本身不需要这一产品，那么员工就不会为了获得薪酬为努力工作。

图 5-7　薪酬设计原则

在这五大原则的基础上，再根据公司的战略、发展目标和文化制定薪酬策略，薪酬策略包含以下 4 方面的内容。

- **薪酬水平策略：** 薪酬水平策略包括市场领先策略、市场跟随策略、滞后策略和混合薪酬策略 4 种。市场领先策略是指薪酬水平在同行业的竞争对手中处于领先地位；市场跟随策略指薪酬水平与其他公司相当，其他公司通常是自己公司的标杆；滞后策略指以尽可能节省成本为目标制定的薪酬策略，通过之后策略设计的薪酬，其薪酬水平一般比同行竞争对手低；混合薪酬策略是指对不同岗位、部门等采取不同的薪酬策略。

- **薪酬激励策略：** 指以提高员工工作积极性制定的策略，薪酬激励策略有重点激励的对象，同时也有重点激励的内容。

- **薪酬结构策略：**薪酬结构策略包括高弹性薪酬模式和高稳定薪酬模式两种。高弹性薪酬模式指薪酬的多少有很高的弹性，绩效薪酬占很大的比例，基本薪酬所占比例很低或者为零，销售类岗位常使用高弹性薪酬模式；高稳定薪酬模式指薪酬相对固定，基本薪酬所占比例很高，绩效薪酬所占比例很低或者为零。

- **薪酬组合策略：**指对不同的员工、岗位采取不同的薪酬策略，比如在一个公司中对行政人员采取高稳定薪酬模式，对销售人员采取高弹性薪酬模式，对高层主管采取年薪制。

在这几种薪酬策略中，大多数公司都采用的是薪酬组合策略。拟定了薪酬策略后，就可以对薪酬结构进行设计。在设计薪酬结构时要根据工作内容、工作性质对岗位进行归类，通常可归为以下几类。

- **管理类：**管理类是指在公司承担管理职务的职位，比如公司主管、经理等。付薪依据通常是其承担的计划、领导等职责。

- **销售类：**销售类是指在公司从事市场营销职位，比如公司渠道管理员、品牌推广员、促销员、营销专员等岗位。付薪依据通常是其销售业绩的能力。

- **技术类：**技术类是指在公司从事产品开发、设计、操作的职位，付薪依据通常是其所具备的技能。

- **营运职能类：**在公司中从事服务或辅助性工作的职位，比如销售助理、部门助理等。

- **生产类：**从事生产作业的职位，比如车间工作员。

对岗位进行分类后，还需对岗位进行评价，将不同的职位划分为不同等级，以作为薪酬定位的标准。通常情况下将职位等级划分为 A、B、C、D 这 4 种级别，将职位级别划分为 16 个级别，用职位等级别表示不同岗位的级别情况，具体内容如表 5-4 所示。

表 5-4　职位等级表

职位等级	职位级别	决策管理	管理类	技术类	营销类	财务类	生产类
A	16	董事长					
	15	总裁					
	14	总经理					
	13	行政、营销副总、分公司总经理					
B	12	总经理助理					
	11		行政、人力资源、财务经理	产品研发经理	营销经理	财务经理	生产经理
	10		行政、人力资源、财务主管	技术主管、研发工程师	销售主管	会计主管	车间主管
	9		后勤主管		区域销售主管		
C	8		行政后勤助理	技术服务专员	销售专员	财务会计类专员	生产班长
	7			班长	销售代表		电工
	6				销售助理		计划员
	5						生产文员
D	4		司机			仓管	
	3		安保员		兼职人员		
	2		保洁				作业员
	1						

不同公司根据岗位情况，填写职位等级表，同时也可根据自身情况将

岗位分类划分得更为细致，比如将管理类细分为行政管理和人力资源管理并增加采购管理岗位。另外也可将职位级别划分为更多级，比如许多大型公司通常多达 17 级以上，而中小型公司则多采用 11～15 级。

完成职位等级表后，可对薪酬结构进行设计，在设计时可参考以下几种薪酬类型来设计。

- **固定工资**：固定工资设计的目的通常是为了保证员工的基本生活收入，固定工资的金额通常要大于当地最低生活标准线，一般来说职级较低的员工固定工资的比例较高。

- **绩效工资**：绩效工资通常工作完成的及时性和质量挂钩，员工薪酬收入是浮动的，一般来说，职级较低的员工绩效工资的比例较低。

- **福利、补贴**：福利、补贴是公司额外的人工成本开支，它的设立能增加员工工作的满意度。

- **计件工资**：对大多数生产部门的员工来说，他们的薪酬结构通常以计件工资为主，固定工资为辅或者没有固定工资，计件工资能够激发员工生产的积极性。

- **工龄工资**：工龄工资按照员工在公司工作的年数来给予的经济补偿，工龄工资一般有下限或上限规定，比如工作两年或 3 年才发放工龄工资。

- **公司业绩**：公司业绩薪酬是指当公司完成了某规定的任务后，会让员工分享公司业绩，许多销售类公司行政部门会设计该薪酬类型，当公司完成某销售任务后，行政人员便可从公司业绩中提成，它体现了内部收入的公平性。

- **奖金**：奖金通常会发放给那些工作努力、业绩好的员工，通常在销售部会设计销售奖金，当销售员工超额完成某规定的销售额后会给予奖金。

明确不同的薪酬结构类型后，就可以为不同职位确定薪酬标准了。对不同的职位确定不同的薪酬类型，再根据职位等级表来划分薪酬等级，通常职位等级越高薪酬等级也越高。

薪酬制度设计完成后还需进行修正以确保薪酬体系合理，薪酬制度一旦建立后就要严格实施，在实施过程中若发现不合理之处还应进行相应的调整。

另外，为保证薪酬的外部公平，还可以进行市场薪酬调查，选择竞争对手或同行业公司进行数据调查，了解他们的薪酬结构，不同职位级别的薪酬数据、福利、补贴等设计的情况。

第 6 章

房产、建筑项目类
商业计划书

无论是什么类型的商业计划书，其中的财务分析与预测是商业计划书中比较重要的内容，通过财务分析可以预测未来经营的状况。财务分析的内容属于专业性较强的内容，在书写该部分内容时会花费大量的时间和精力，因此商业计划书的制作人需要格外重视这部分内容的书写。本章以房产、建筑项目类商业计划书为例，讲解相关的财务分析与预测内容的写法。

案例：

××湖景别墅项目商业计划书

在编制商业计划书的过程中，因为未来的经营活动还未发生，所以不可能编制与实际完全相同的资产负债表或损益表，因此商业计划书中的财务报表都是通过对未来经营状况预测而得到的。

财务预测是公司进行经营决策的重要依据，它可以帮助公司合理安排收支，使得资金合理使用。下面我们以××博览城项目商业计划书为例看看关于财务预测的相关内容。

范例节选

精彩案例展示

第十部分　财务预测

本商业计划采取求实、稳健、保守的原则进行财务预测。我们不排除在出现不可抗力或难以预测的政治、经济等风险的情况下，财务预测将可能受到较大影响。为此，我们加上了较大的安全系数。这就使得正常情况下，投资者的收益将大大超过本财务预测。

一、收入预测

（一）出租比例预测

本项目主要为前往生态园休闲度假的人群提供住宿服务，因此湖景别墅的出租率受旅游行业的周期性影响。一般来说，国内每年的 5~10 月是旅游旺季，其他月份为旅游淡季，本项目湖景别墅的出租率也将随着淡季、旺季的不同而有所改变，如下表所示。

年份	出租比例（%）		
	旺季	淡季	平均
项目建成第一年	70	30	50

续表

年份	出租比例（%）		
	旺季	淡季	平均
项目建成第二年	77	33	55
项目建成第三年	85	36	61
项目建成第四年	93	40	67
项目建成第五年	95	45	70
项目建成第六年	95	45	70
项目建成第七年	95	45	70

财务说明：

★ 项目运作初期，别墅存在一定的闲置率。保守预计：第一年的旺季出租率为70%，淡季出租率为30%。后3年每年以10%的比例递增，在第五年项目进入稳定运营，以星级酒店的入住率为计算依据，旺季别墅出租率为95%，淡季别墅出租率为45%。

（二）租赁价格预测

年份	租赁价格（元/套/天）		
	团体	散客	平均
项目建成第一年	1 200	1 800	1 500
项目建成第二年	1 500	2 100	1 800
项目建成第三年	1 800	2 400	2 100
项目建成第四年	2 100	2 700	2 400
项目建成第五年	2 400	3 000	2 700
项目建成第六年	2 400	3 000	2 700
项目建成第七年	2 400	3 000	2 700

财务说明：

★ 参考同地区市场价格，项目运作第一年团体客户每天的出租金额为1 200元/套，零散客户每天的出租金额为1 800元/套。其后2007～2009年，项目周边环境得到大幅改善，每套别墅的出租金额比上年增长 300 元。运作第五年后，租赁价格基本稳定，保守估计团体客户每天的出租金额为 2 400 元/套，零散客户每天的出租金额为 3 000 元/套。

（三）租赁收入预测

项目 \ 年份	项目建成第一年	项目建成第二年	项目建成第三年	项目建成第四年	项目建成第五年	项目建成第六年	项目建成第七年
出租比例（%）	50	55	61	67	70	70	70
租赁价格（元/套）	1 500	1 800	2 100	2 400	2 700	2 700	2 700
租赁收入（万元）	420	554.4	717.36	900.48	1 058.4	1 058.4	1 058.4

财务说明：

★ 受项目所在地气候、环境等因素的影响，谨慎预计每年实际能入住的天数为 280 天/年。

二、成本费用预测（单位：万元）

费用 \ 年份	项目建成第一年	项目建成第二年	项目建成第三年	项目建成第四年	项目建成第五年	项目建成第六年	项目建成第七年
别墅维护费用	1	1	1	1	1	1	1
土地租赁费用	3.6	3.6	3.6	3.6	3.6	3.6	3.6
管理费用	48	49.44	50.92	52.45	52.92	52.92	52.92
营销费用	60	55	40	30	25	25	25
财务费用	7.56	11.79	17.89	26.57	31.75	31.75	31.75
综合费用	11.5	11.79	17.89	26.57	31.75	31.75	31.75
合 计	131.66	132.62	131.3	140.19	146.02	146.02	146.02

财务说明:

★ 别墅维护费用按 1 万元/年计算。

★ 土地租赁费用根据项目公司与××签订的相关合同的规定，按每年 1200 元/亩计算。本项目共计占地 30 亩，每年的土地租赁费用为 3.6 万元。

★ 管理费用第一年为 48 万元，以后 3 年每年递增 3%。运作第五年后，管理费用按占租赁收入的 5%计算。

★ 出于酒店式别墅的经营特点，营销费用在项目运营初期金额较大，随着客户认知程度的增加，营销费用呈大幅递减的趋势，在进入稳定经营期后，营销费用将维持在一个固定的价格水平。

★ 财务费用按占租赁收入的 3%计算。

★ 综合费用第一年为 11.5 万元，以后年度按占租赁收入的 3%计算。

三、利润及投资报酬率预测（单位：万元）

科目＼年份	项目建成第一年	项目建成第二年	项目建成第三年	项目建成第四年	项目建成第五年	项目建成第六年	项目建成第七年
收入合计	420	554.4	717.36	900.48	1058.4	1058.4	1058.4
费用合计	131.66	132.62	131.3	140.19	146.02	146.02	146.02
营业利润	288.34	421.78	586.06	760.29	912.38	912.38	912.38
所得税	95.15	139.19	193.40	250.90	301.09	301.09	301.09
净利润	193.19	282.59	392.66	509.39	611.29	611.29	611.29
投资报酬率	8.47%	20.87	38.09%	60.43%	87.24%	114.05%	140.86%

财务说明:

★ 销售收入来自本商业计划本章之收入预测。

★ 成本费用来自本商业计划本章之成本费用预测。

★ 2006～2012 年的所得税按利润总额的 33%计算。

四、特别提示

酒店式湖景别墅的盈利模式在于出售别墅房产时段使用权，并代为管理。

使拥有房产使用权的客户可以将自己的权益通过交换系统与其他地区同等级别的进行交换。日常经营中为游客提供住所。

本商业计划书中的财务预测仅仅针对可以量化的正常酒店经营模式。从目前国内酒店式别墅的整体经营状况来看，很多客户往往对配套服务较好、管理规范的别墅进行整时段购买。在此情况下，本项目的财务状况将远远超过商业计划书中的预测，为投资者带来更大的投资收益。

五、结论

湖景别墅项目一期良好的盈利能力和现金流量，将大幅提高本公司的资产盈利水平，改善现金流量状况。不仅使旅游资源的边际收益得到更加充分的释放，而且有利于提升本公司抗御市场风险能力和双方的核心竞争力。从经济效益上看，本项目投资收益率较高，投资风险较小。

点评分析

财务预测是根据财务活动的历史资料，从而对公司未来的财务活动和成果进行预测。本例中的财务预测主要是关于销售收入预测和成本费用估算的内容，对收入、费用和利润进行了预测，分别用3个表格来表示了这3个方面的预测数据。如果用一个表来表示这3方面的内容可以用损益预测表来表示。

在进行财务预测时，损益表预测是其中一个比较重要的内容。损益表反映了公司一段时间的销售收入、销售成本、经营费用及税收状况，报表结果为公司实现的利润或亏损。

损益表预测的结果反映了公司预期的盈利情况。损益预测表编制的依据主要有销售预算、费用预算、商品销售成本与毛利预算等，本例也是依据这几个方面来预测的，那么在商业计划书中又该如何对损益表进行财务预测呢？我们可以从收入、费用、利润这3方面入手。

（1）收入

收入包括主营业务收入、其他业务收入、投资收益、营业外收入，他们各自的含义如下。

- **主营业务收入**：指公司经常性的主要业务所产生的基本收入。

- **其他业务收入**：指除主营业务收入以外获得的经济利益的流入。

- **投资收益**：指对外投资所取得的利润。

- **营业外收入**：指与公司生产经营活动没有直接关系的各种收入。

了解了收入的组成后需估计未来这些收入的情况，比如在本例中，收入主要来源于房屋出租收入，因此估计了不同年份的收入数据。对有历史数据的公司来说，在进行收入预测时可以参考历史数据，对于没有历史数据的公司来说，可根据行业的历史数据及通过调查来进行预测。

（2）成本费用

成本费用包括产品成本、期间费用、其他业务支出、营业外支出、税金及附加，它们各自的含义如下。

- **营业成本**：指公司经营过程中发生的实际成本，根据"主营业务成本"和"其他业务成本"账户的发生额分析填列。

- **销售费用**：指为销售产品而发生的费用，比如销售人员工资、广告费用等。

- **管理费用**：指行政管理等部门所发生的费用。

- **财务费用**：是公司发生的利息费用等。

- **其他业务支出**：指除主营业务以外的其他销售或其他业务所发生的支出。

- **营业外支出**：指公司发生的与其日常活动无直接关系的各项损失，比如公益性捐赠支出、盘亏损失等。

● **税金及附加**：指日常活动中应负担的税金及附加，比如消费税、城市维护建设税、资源税和教育费附加等。

● **所得税费用**：按规定从本期损益中减去的所得税。

在进行成本费用预测时要将上述包含的成本费用做一个预估，计算出未来的数据。对一些小额的成本费用也不能忽视，以确保预测的准确性。

（3）利润

利润是用收入减去成本费用的结果，其中利润又可分为毛利润、税前利润、净利润。其中，毛利润指销售收入扣除主营业务的直接成本后的利润；税前利润指在所得税完税前的利润；净利润指利润总额减去所得税后的利润。

利润是根据收入和成本进行计算得出的，本例中也计算出了利润预测数据，最后以预测结果为依据，总结说明了项目具有良好的经济效益。我们在书写这部分内容时，还可通过计算出的结果来编制损益表，这样可以更加直观地展现公司的利润或亏损。如表 6-1 所示为某商业计划书中损益预测表的内容。

表 6-1　某商业计划书中的损益预测表

科　目　　　　年　份	2001 年	2002 年	2003 年	2004 年	2005 年
一、主营业务销售(经营)收入	1 014	4 720	11 760	25 280	38 080
减：产品销售成本					
主营业务销售收入净额	1 014	4 720	11 760	25 280	38 080
销售费用	77	196	490	1,050	1,540
产品销售税金及附加	52	248	617	1,327	1,999
二、主营业务利润	885	4 276	10 653	22 903	34 541
加：其他业务收入	44	80	29	1 002	648

续表

科目＼年份	2001 年	2002 年	2003 年	2004 年	2005 年
减：其他业务销售支出					
管理费用	271	600	1 100	3 800	5 500
财务费用	-229	-467	-1 000	-1 875	-2 444
汇兑损失(收益为负)					
三、营业利润	887	4 122	10 381	21 580	31 333
加：投资收益	221	531	514	5 468	6 705
补贴收入					
营业外收入					
减：营业外支出		100	200	400	800
加：以前年度损益调整	-147				
四、利润总额	961	4 653	10 896	27 048	38 038
减：所得税	144	698	1 634	4 057	5 706
五、净利润	817	3 955	9 261	22 991	32 333

提示

需要特别注意的是，财务预测并不是预测未来 10 年或者 20 年的财务数据，而是对未来 3~5 年内的数据进行预测。

案例：
××园林建设商业计划书

　　如果商业计划书中财务分析的内容只包含了损益预测表，那么有可能投资人想要知道公司的资产、负债和所有者权益情况就无法从损益表中得知，因此在商业计划书中还要对资产负债表进行预测。

资产负债表预测

通过对资产负债表进行预测可以反映公司未来的经营状况，那么在商业计划书中又应该如何编制资产负债预测表呢？下面来看一个案例。

范例节选

精彩案例展示

八、财务分析

8.1 主要的财务假设

1. 管理费用按每年收入的 5%计提；销售费用第一年按收入的 53%计提，第二年按收入的 37%计提，以后每年按收入的 20%计提。

2. 在第一年和第二年分别向银行短期借款 150 万元，并于借款当年支付利息，按 2008 年 10 月金融机构短期借款利率 6.66%计算利息。于借款第二年年初还本。

3. 应收账款按销售收入 8%计提，应付账款按销售成本 8%计提。

4. 应付职工薪酬从第二年起按 10%增加。

5. 坏账准备按每年净利润的 1%计提。

6. 公司自盈利之年起按税后净利润 20%分红，不能分红太多，资金用于转增资本、扩大规模。未分配利润根据每年净利润的 70%计提。盈余公积按净利润的 10%计提。

7. 考虑到我公司培育花卉苗用的重要原材料：化肥、药品等有不稳定性、挥发性等化学性质，年末我们不准备存货。营养袋、培养杯等适当存货，计划每年的存货足够 100 万株生产。

8. 我公司假设产成品苗木没有存货，我们根据不同长度（cm）的种苗制定不同的价格，所以我们计划的存货资金比较少。

8.2 资产负债表

资产负债表编制单位：××园林工程有限责任公司（单位：万元）

科目＼年份	第一年	第二年	第三年	第四年	第五年
一、资产					
流动资产：					
货币资金	550	586	610	678	823
应收账款	34.72	59.52	99.2	158.72	223.2
减：坏账准备	0	0.86	3.7	5.03	7.08
应收账款净额	34.72	58.66	95.5	153.69	216.12
存货	28	28	28	28	28
流动资产合计	612.72	672.66	733.50	859.69	1 067.12
固定资产：					
固定资产原价	100	200	200	200	200
减：累计折旧	4.5	13.5	22.5	31.5	40.5
固定资产净值	95.5	186.5	177.5	168.5	159.5
无形资产：	0	0	0	0	0
减:累计摊销	0	0	0	0	0
无形资产净值	0	0	0	0	0
资产合计	708.22	859.16	911	1028.19	1226.62
二、负债					
流动负债：					
应付账款	15.68	26.88	44.8	71.68	100.8
短期借款	150	150	0	0	0
应付职工薪酬	60	66	72.6	79.86	87.85
其他流动负债	32.54	97.86	47.6	24.09	21.88
负债合计	258.22	340.74	165	175.43	210.53
三、所有者权益					
实收资本	450	450	450	450	450
盈余公积	0	8.55	37	50.32	70.76

续表

科 目＼年 份	第一年	第二年	第三年	第四年	第五年
未分配利润	0	59.87	259	352.24	495.33
所有者权益合计	450	518.42	746	852.56	1 016.09
负债及权益合计	708.22	859.16	911	1 028.19	1 226.62

注：第一年投入 100 万元购建办公场所，第二年投入另外 100 万元以扩大公司规模。公司采用租赁××学院生产设备，其租赁费用属于制造费用，已计入销售成本中，公司运用的组培技术是可以学习的，不存在无形资产和摊销等费用。

点评分析

资产负债表反映了公司在一定时期内资产、负债和所有者权益的状况，它是经营活动的静态体现。编制资产负债预测表的目的在于根据预测财务状况的稳定性和流动性，从而了解公司未来的经营状况。

通过范例节选的内容可以看出财务分析的第一小节内容是关于主要财务假设的内容。主要财务假设是会计核算的基本前提，财务假设不同得出的结论也会有差距，因此在财务分析内容有必要说明主要财务假设。

资产负债表填制的内容包括资产、负债、所有者权益这 3 类科目。下面来看看如何在商业计划书中对这 3 类科目进行填写。

（1）资产

在资产负债表中资产按照流动性分为流动资产和非流动资产两大类，流动资产是指在一年或者超过一年的一个营业周期内可变现或运用的资产，包括货币资金、应收票据、短期投资、应收账款、其他应收款和存货等；非流动资产是指除流动资产以外的资产，包括长期投资、固定资产、无形资产、长期待摊费用及其他非流动资产。对资产进行预测要列出未来可能对公司带来经济效益的资产。下面来看看资产各组成要素的含义。

- **货币资金**：指可立即投入使用的资金，包括库存现金、银行存款和其他货币资金。

- **应收票据**：指持有的未到期或未兑现的商业票据，包括银行承兑汇票和商业承兑汇票两种。

- **短期投资**：指持有的持有时间不超过一年（含一年）并可随时变现的有价证券，比如股票、债券等。

- **应收账款**：指因销售商品或提供某种服务，应向购买单位收取的款项。

- **其他应收款**：指在商品交易业务以外发生的各种应收、暂付款项，包括预付账款、应收利息和应收票据等。

- **存货**：指产成品、生产过程中使用的原材料或准备出售的原料或产品。

- **长期投资**：在一年以上的时间内不能变现或不准备变现的有价证券。

- **固定资产**：指为生产产品、提供劳务或经营管理而持有的，使用时间超过一年的非货币性资产，包括厂房、设备、运输工具及其他机械或工具。

- **无形资产**：指持有或控制的没有实物形态的非货币性资产，包括专利权、商标权等。

- **长期待摊费用**：指已经支出的，但摊销期限在一年以上的各项费用。

（2）负债

负债按照流动性也可以分为流动负债和非流动负债两大类，流动负债指在一年（含一年）或者超过一年的一个营业周期内应偿还的债务，包括短期借款、应付票据、预收账款、应付账款、应付工资、福利费、应付股利和应交税费等；非流动负债是指偿还期在一年或者超过一年的一个营业周期以上的债务，包括长期借款、长期应付款和其他非流动负债。负债各组成要素的含义如表 6-2 所示。

表 6-2　负债各组成要素的含义

负债要素	含义
短期借款	公司借入的，偿还期在一年（含）及以下的借款，比如临时借款、经营周转借款等
应付票据	在商品购销活动使用商业汇票结算方式结算的商业承兑汇票和银行承兑汇票
预收账款	向提供产品或服务的单位提前收取的款项
应付账款	因购买材料或商品，应支付但还未支付的款项
应付工资或福利费	应偿付给单位员工的工资或福利费
应付股利	指按协议规定应该支付给投资者的利润
应交税费	依法应缴纳的各种税费，包括的增值税、消费税和营业税等
长期借款	借入的，偿还期在一年以上的借款
长期应付款	在较长时间内应付的款项，不包括长期借款及其他发行的中长期债券

（3）所有者权益

所有者权益是资产减去负债后的剩余权益，包括实收资本、盈余公积、资本公积和未分配利润，各自含义如下。

● **实收资本**：指作为资本投入的各种财产，包括货币资金、实物、无形资产。

- **盈余公积**：指从税后利润中提取形成的，存留于公司内部，具有特定用途的收益积累。

- **资本公积**：在经营过程中由于接受捐赠、股本溢价等原因形成的公积金。

- **未分配利润**：指还未分配的利润。

了解了资产负债表中各要素的含义后，就可根据公司历史财务数据或者根据行业数据来全面预算并编制资产负债表。预算资产负债表中各科目的数据时首先要从随销售额变动的资产和负债科目开始预算，估算未来3～5年销售收入的情况，从而确定现金、存货、应付账款、应付费用等随销售额变动科目的具体金额。

再确定不随销售额变动的资产、负债科目的具体金额，比如固定资产、长期负债、短期借款等科目。完成资产负债预测表的编制后还需要对资产负债进行分析总结，说明公司资产状况良好，资产分布合理。

现金流量表预测

资产负债表、损益表（利润表）和现金流量表构成了财务三大报表，在商业计划书中应对这三大报表都加以说明，下面通过××园林建设商业计划书介绍关于现金流量表的内容。

范例节选

8.3 现金流量表

现金流量表编制单位：××园林工程有限责任公司（单位：万元）

科目＼年份	第一年	第二年	第三年	第四年	第五年
一、经营活动产生的现金流量					
会计利润	-23.71	85.53	370	503.2	707.62
加：应付账款增加额	15.68	11.2	17.92	26.88	29.12
折旧	4.5	9	9	9	9
摊销	0	0	0	0	0
财务费用	9.99	9.99	0	0	0
减：应收账款增加额	34.72	23.94	36.84	58.19	62.43
经营活动产生的现金流量净额	-28.26	91.78	360.08	480.89	683.31
二、投资活动产生的现金流量					
购建固定资产所支付的现金	100	100	0	0	0
投资活动产生的现金流量净额	-100	-100	0	0	0
三、筹资活动产生的现金流量					
吸收权益性投资所收到的现金	200	100	0	0	0
借款所收到的现金	150	150	0	0	0
现金流入小计	350	250	0	0	0
偿还借款所支付的现金	0	150	150	0	0
偿付利息所支付的现金	9.99	9.99	0	0	0
偿付股利所支付的现金	0	17.11	74	100.64	141.52
现金流出小计	9.99	177.1	224	100.64	141.52
筹资活动产生的现金流量净额	340.01	72.9	-224	-100.64	-141.52
四、现金及现金等价物净增加额	211.75	64.68	136.08	380.25	541.79

　　注：在稳健的财务政策下，以上数据均为保守预测，在实际运作中，公司可适当增加短期借款，以优化公司的财务结构。此处流动资产不包括银行存款。

点评分析

　　现金流量表向投资人展示了创业团队的现金是从哪里来的，会到哪里去，表示现金流入和流出的情况。现金流量表要反映出资产负债表中各个科目对现金流量的影响，并以此将现金流量表划分为经营、投资、筹资三大活动。现金流量表预测的目的是为了合理地规划现金收支，本例也对经营、投资和筹资这三大活动的现金流入和流出情况进行了列示。

现金流量预测表主要是对收入和支出的预测，因此在编制现金流量预测表时可以使用现金收支法，将预测期内可能发生的现金收支分类列出，再进行分别测算，测算出现金流入量和流出量，从而预测现金净流量。

现金流量表分为主表和附表，主表用以表示各科目现金的流入和流出情况，附表表示相应会计账户的当期发生额或期末与期初余额的差额。

附表一般直接使用会计账户的发生额或余额数据，包括净利润、固定资产折旧、无形资产摊销、财务费用、存货及其他经营性应收科目的减少和增加，本例中的现金流量表是将主表和附表结合起来编制的。那么现金流量主表包含哪些科目呢？在编制时可以参考以下的表格来进行填写，如表 6-3 所示。

表 6-3　现金流量表

科　　目 ＼ 年　　份	2017 年	2018 年	2019 年
一、经营活动产生现金流量			
销售商品、提供劳务的现金流入			
税费返还			
其他与经营活动有关的现金流入			
现金流入小计			
购买商品、接受劳务的现金流出			
支付给职工的薪资、福利等			
支付的所得税、增值税、消费税等税费			

续表

科　目　　年　份	2017 年	2018 年	2019 年
其他与经营活动有关的现金流出			
现金流出小计			
经营活动产生的现金流量净额			
二、投资活动产生的现金流量			
收回投资所收到的现金			
投资收益收到的现金			
处置固定资产、无形资产及其他长期资产收到的现金			
其他投资活动收到的现金			
现金流入小计			
购买固定资产、无形资产及其他长期资产支出的现金			
其他投资活动支出的现金			
现金流出小计			
投资活动产生的现金流量净额			
三、筹资活动产生的现金流量			
吸收投资所收到的现金			
其他筹资活动收到的现金			
短期和长期借款收到的现金			
现金流入小计			
偿还债务所支付的现金			
分配股利、利润及利息支出			
其他筹资活动支付的现金			
现金流出小计			
筹资活动产生的现金流量净额			
四、汇率变动对现金及现金等价物的影响			

续表

年 份 科 目	2017 年	2018 年	2019 年
五、现金及现金等价物净额增加额			
加：期初现金及现金等价物余额			
六、期末现金及现金等价物余额			

在实际填写过程中并不会用到表 6-3 所列示的所有科目，只需填写可能发生的现金收支的科目即可。完成填写后，需对预测结果进行评价，说明现金流量表反映了公司怎样的经营状况、筹资能力和资金实力。

案例：
××服装城项目商业计划书

财务比率是以财务报表为依据计算出的相关比率，这些比率可以用来衡量风险和收益，财务比率可以作为财务分析评价的重要依据，下面来看看××大厦商业计划书中关于财务比率的内容。

财务比率计算

范例节选

10.3 财务分析

10.3.1 财务比率分析

我们使用的盈利分析比率有资产回报率、所有者权益回报率、总资产周转率、净利增长率、销售增长率、销售净利率等，具体请参见下表。

比率 \ 年份	第一年	第二年	第三年	第四年	第五年
短期偿债能力分析					
流动比率	2.78	2.78	3.53	4.36	4.96
速动比率	2.78	2.78	3.53	4.36	4.96
经营净现金比率	1.00	1.00	1.00	1.00	1.00
长期偿债能力分析					
资产负债率	52.84%	48.23%	35.66%	27.52%	19.97%
权益负债率	112.03%	93.17%	55.42%	37.97%	24.96%
利息保障倍数		21.49	89.25	174.23	287.77
营运能力分析					
总资产周转率	1.31	1.98	1.96	1.70	1.51
盈利能力分析					
营业净利率	-18.92%	11.78%	22.44%	26.77%	29.09%
权益净利率	-56.59%	46.70%	70.17%	63.86%	55.99%
销售净利率	-30.51%	18.09%	33.64%	39.50%	42.41%
资产净利率	-26.69%	7.63%	14.95%	15.20%	14.14%

点评分析

通过范例节选的内容可以看出本例计算了流动比率、速动比率、资产负债率、营业净利率等比率，这些数据看似只是简单的数字，但是它却表示了不同的财务意义。下面就来看看这些比率是如何计算的，以及它们所表示的财务意义是什么。

（1）短期偿债能力指标

反映短期偿债能力的指标有流动比率、速动比率和现金比率，它们的计算方法如下。

$$流动比率=流动资产/流动负债$$

$$速动比率=（流动资产-存货-待摊费用）/流动负债$$

$$现金比率=（现金+有价证券）/流动负债$$

其中，流动比率高一般表明短期偿债能力较强，但如果过高，则会影响资金的使用效率和获利能力。速动比率是对流动比率的补充，通常情况下，速动比率的值应在 1 以上，流动比率与速动比率的比值在 1:1.5 左右最合适。现金比率是 3 个比率中较为保守的一个比率，反映公司即时付现能力，现金比率过高，表明流动资产未能得到合理利用。

（2）长期偿债能力指标

反映长期偿债能力的指标有资产负债率、利息保障倍数、股东权益比率、净资产负债率（产权比率）等，它们的计算方法如下。

$$资产负债比率=负债总额/资产总额×100\%$$

$$利息保障倍数=息税前利润÷利息费用$$

$$股东权益比率=股东权益/资产总额×100\%$$

$$净资产负债率=负债总额/股东权益×100\%$$

在这 4 个指标中，资产负债率越低（50%以下）表明长期偿债能力越强，如果到达 100%或超过 100%说明公司已经没有净资产或资不抵债。利息保障倍数越高表明公司有充足的能力支付利息，反之相反。股东权益比率与资产负债率相反，指标越高，表明长期偿债能力越强。净资产负债率与资产负债率和股东权益比率具有相同的经济意义，只是它能更直观表现负债受到股东权益的保护程度，该比率通常为 100%较合适。

（3）营运能力指标

反映营运能力的指标有总资产周转率、固定资产周转率和流动资产周转率，它们的计算方法如下。

$$总资产周转率=销售收入/平均资产总额$$

$$固定资产周转率=销售收入/固定资产平均净值$$

$$流动资产周转率=销售收入/平均流动资产$$

总资产周转率反映资产的使用效率，如果比率较低则表明公司利用全部资产进行经营的效率较差，但是如果总资产周转率突然上升，而销售收入却没有变化，那么将不能说明资产利用效率得到了提高。

固定资产周转率反映厂房、设备等固定资产的使用效率，比率越高，说明固定资产的利用效率越高，管理水平也越好。

流动资产周转率反映流动资产的周转速度，比率越高，表明流动资产的利用效率越好。

（4）盈利能力指标

反映盈利能力的指标有毛利率、营业利润率、净利润率（销售净利率）、总资产收益率（资产净利率）、权益报酬率（权益净利率）和每股利润，它们的计算方法如下。

$$毛利率=（销售收入－成本）/销售收入$$

$$营业利润率=营业利润/营业收入$$

$$净利润率=净利润/销售收入$$

$$总资产收益率=净利润/总资产平均值$$

权益报酬率=净利润/权益平均值

每股利润=（净利润-优先股股利）/流通股总股份

在这几个指标中，毛利率、营业利润率和净利润率越高，公司的市场竞争力越强，盈利能力越强。总资产收益率越高，公司利用全部资产的获利能力越强。权益报酬率越高，所有者权益所获报酬的水平越强。每股利润通常是上市公司才会使用的指标，每股利润越高，公司的获利能力越强。

除了上述的几个指标可以反映盈利能力外，成本费用利润率、营业净利率、盈余现金保障倍数等指标也可以反映盈利能力，在分析时只需选择其中几个指标进行分析即可。

投资回报分析

投资回报是投资人十分关心的问题，所以有必要在商业计划中说明投资人进行投资以后会获得多少投资回报。

范例节选

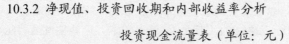

10.3.2 净现值、投资回收期和内部收益率分析

投资现金流量表（单位：元）

科目＼年份	初期	第一年	第二年	第三年	第四年	第五年
固定资产投资	958 900	0	0	191 780	0	0
无形资产投资	267 000	0	0	26 700	0	0
其他投资	80 300					
流动资金	893 800	893 800	893 800	893 800	893 800	893 800

续表

科目＼年份	初期	第一年	第二年	第三年	第四年	第五年
销售收入		2 865 406	7 120 953	13 689 711	22 525 252	34 307 612
变动成本		1 343 745	3 489 650	6 207 113	10 348 613	15 919 142
固定成本		2 063 765	2 792 131	3 868 837	5 082 870	6 645 198
税前利润		542 104	839 172	3 613 761	7 093 769	11 743 272
税收		0	0	542 064	1 064 065	1 761 491
税后利润		542 104	839 172	3 071 697	6 029 704	9 981 781
+折旧		177 202	177 202	211 722	201 722	201 722
+无形资产摊销		53 400	53 400	58 740	58 740	58 740
净现金流量	-2 200 000	1 205 302	175 974	2 229 880	5 396 366	9 348 444

1. 投资净现值

$$NPV=\sum (CI-CO)t(1+i)^{-t}=7\,286\,804 (元)$$

注：首期投入计算时 t=0，投入后的第一年现金流量 t=1

银行短期借款（1年期）利率为 5.85%，长期借款利率为 5.92%。考虑到目前资金成本较低，以及资金的机会成本和投资的风险性等因素，i 取 10%（下同）。此时，NPV=7 286 804（万元），远大于零。计算期内盈利能力很好，投资方案可行。

2. 投资回报

风险投资者所占公司股份比例为 67%，第一年亏损不分红，第二年不分红，第三年按税后利润 20% 分红，按其持有股份可分得 329 285 元，第四年按税后利润 20% 分红，按其持有股份可分得 646 384 元，第五年按税后利润 20% 分红，按其持有股份可分得 1 070 046 元。3 年的红利折成现值（10% 折现率）为 1 353 301 元，假设风险投资在第五年撤资，可得的投资回报率即为 35%，相当可观。

3. 投资回收期

通过净现金流量、折现率、投资额等数据用插值法计算，投资回收期为两年零一个月，投资方案可行。

回收期=累计净现值出现正值年数-1+（未收回现金/当年现值）

4. 内含报酬率

根据现金流量表计算内含报酬率如下：

$$IRR=r1+[（r2-r1）/（|b|+|c|）]×|b|=135\%$$

内含报酬率达到135%，远大于资金成本率10%，主要因为本公司提供的服务多为高端产品及服务，使得销售利润率较高（参考财务比率表），前5年内市场增长性很好。

5. 项目敏感性分析

公司在营业收入、营业成本上存在来自各方面的不确定因素，我们对两者按提高10%和降低10%的单因素变化做敏感性分析。用逐项替代法计算投资回收期和内含报酬率。（见下图）

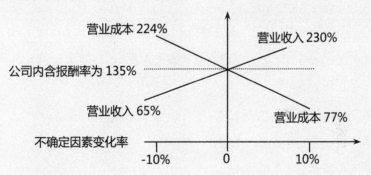

项目敏感性分析表：

项目	营业收入		营业成本	
	-10.00%	10.00%	-10.00%	10.00%
NPV（元）	2 244 744	12 328 864	10 960 449	3 613 159
IRR	65%	230%	224%	77%
投资回收期（月）	36	28	30	34

公司对营业收入的提高和降低最为敏感，营业成本次之。在变化±10%范围内，内含报酬率仍然高达65%，说明能承担风险，具有一定可靠性。

6. 盈亏平衡分析

表1：

项目 \ 年份	第一年	第二年	第三年	第四年	第五年
单独核心会员保本点（人）	7 228	9 779	15 448	21 528	29 443
单独普通会员保本点（人）	13 779	18 642	29 450	41 040	56 128
混合保本点（人）	10 582	16 456	23 452	34 968	50 933

表2：

项目 \ 年份	第一年	第二年	第三年	第四年	第五年
计划发展核心会员人数（人）	2 633	6 581	12 504	20 204	30 215
计划发展普通会员人数（人）	5 265	13 163	25 009	40 409	60 429
合计	7 898	19 744	37 513	60 613	90 644

（假定核心会员人数与普通会员人数之比为1:2保持不变。）

经营杠杆系数：

第三年经营杠杆系数为1.33

第四年经营杠杆系数为1.18

第五年经营杠杆系数为1.11

经营杠杆系数不大，风险不大。

10.4 总结

通过财务分析，我们确信这些数据和结论都是可信和可达到的。而且凭借我们的管理团队，本创业计划设定的目标也是完全可行的。因此，我们相信，这是一个非常有吸引力的投资项目。

点评分析

本例中，通过分析向投资人表明了投资项目后的投资回收期有多长以及投资回报率是多少。下面就来看看我们在商业计划书中应该如何计算这些数据。

（1）投资净现值

投资净现值是投资方案在计算期内获利能力的动态评价指标，它的计算方法用公式表示为：

$$NPV=\sum (CI\text{-}CO)\ t\ (1+i)\ ^-t$$

其中，NPV 表示净现值，CI 表示各年收益，CO 表示各年支出，t 表示时间，i 表示基准收益率，CI-CO 表示净现值流量。

提示

基准收益率是指投资方案的预期收益率，它是对项目资金时间价值的估价，是投资资金应当获得的最低盈利率水平，是评价投资方案在经济上是否可行的依据。

基准收益率的确定受资金来源、投资机会成本、通货膨胀率及项目风险的影响，通常情况下，基准收益率的确定要满足以下条件。

● 基准收益率＞资金费用率＞借贷利率

● 基准收益率＞投资的机会成本＞资金费用率

由于项目投资有一定风险，因此还要考虑一定的风险贴补率。如果项目在投资期内按不变价格计算，那么便不用考虑通货膨胀率，如果是按不同年份的价格来计算，那么就要考虑通货膨胀率。确定了各个影响因素的值后可根据公式计算基准收益率，其公式如下。

$$ic=（1+i1）（1+i2）（1 +i3）-1$$

其中，ic 为基准收益率，i1 为年资金费用率与机会成本的高者，i2 为年风险贴现率，i3 为年通货膨胀率。

确定好基准收益率后，即可使用投资净现值的公式计算出投资净现值的数额。

（2）投资回报率

投资回报通常都是以投资回报率来表示，投资回报率是指投资活动中获得的经济价值，投资回报率的计算公式如下。

投资回报率（ROI）=年利润或年均利润/投资总额×100%

投资回报率的计算方法比较简单，它具有时效性，是基于某些特定年份计算出来的数据。比如，本例是以第五年为特定年份。

（3）投资回收期

投资回收期是指从项目建成日到用净收益偿还原始投资所需要的年限，通俗的来讲就是收回投资成本所需的时间，它分为静态投资回收期和动态投资回收期。

静态投资回收期是指不考虑资金时间价值计算的回收期，它的计算公式有两个。

$$Pt=K/A$$

Pt=累计净现值出现正值年份数-1+上一年累计净现金流量的绝对值/出现正值年份的净现金流量

如果项目投产后各年的净收益（即净现金流量）均相同则用第一个公

式，如果建成投产后各年的净收益不相同则用第二个公式，通常项目建成后每年的净收益都不同，因此一般使用第二个公式。

动态回收期是按投资项目各年的净现金流量按基准收益率折成现值之后，再推算出投资回收期，它考虑了资金的时间价值，其计算公式如下。

Pt=累计净现值出现正值年份数-1+上一年累计净现金流量现值的绝对值/出现正值年份净现金流量的现值

动态回收期和静态回收期的评价标准是相同的，如果 Pt≤Pc（基准投资回收期）时，说明项目能在要求时间内收回投资，此项目可行；如果Pt＞Pc 时，则项目不可行。

（4）内部投资报酬率

内部投资报酬率又叫内含报酬率，它反映的是项目的真实报酬，其计算公式如下。

IRR=r1+[（r2-r1）/（|b|+|c|）]×|b|

其中，r1 表示低贴现率，r2 表示高贴现率，|b|表示低贴现率时的财务净现值绝对值，|c|表示高贴现率时的财务净现值绝对值。

通过上述几个数据的分析和阐述便可说明项目的投资回报怎样。在本例中，还进行了敏感性分析和盈亏平衡分析，它们可以作为补充说明，表明影响项目的敏感性因素和投资方案对不确定因素变化的承受能力，向投资者进一步说明项目的可投资性。

（5）敏感性分析

敏感性分析是指从众多不确定性因素中找出对投资项目经济效益指标有重要影响的敏感性因素。进行敏感性分析主要有 5 个步骤，如图 6-1 所示。

【第一步】确定敏感性分析指标，投资回收期、投资收益率、净现值、内部收益率等都可作为敏感性指标。

【第二步】计算该项目的目标值，一般将在正常状态下的经济效益评价指标数值作为目标值。

【第三步】确定不确定性因素，需要注意并不需要选择所有因素，只需选择几个对项目经济效益目标值影响较大的因素。

【第四步】计算不确定因素变动时对项目的影响程度，如果进行单因素分析则要固定其他因素，变动其中一个因素。

【第五步】找出对项目影响最大的敏感因素，进行分析并提出解决方案，以提高项目的抗风险能力。

图 6-1　敏感性分析步骤

（6）盈亏平衡分析

盈亏平衡分析是通过盈亏平衡点来分析项目成本与收益的平衡关系，其是计算出盈亏平衡点（BEP），其中盈亏平衡点是指销售收入等于全部成本时的销售量，其计算方法如下。

$$BEP=Cf/（P-Cu-Tu）$$

其中，Cf 表示固定成本，P 表示单位产品销售价格，Cu 表示单位产品变动成本，Tu 表示单位产品营业税金及附加。

当销售量低于盈亏平衡点时，则亏损；当销售量高于盈亏平衡点时，则盈利；当盈亏平衡时，利润为零。因此盈亏平衡点越低，项目投产后盈利的可能性越大，适应市场变化的能力越强，抗风险能力也越强。

写作提示

　　财务分析的内容可以说是商业计划书中最难写的一部分内容，特别是对不具备财务基础知识的人来说就更为困难了，这时我们可以让创业团队中具备财务专长的成员来书写这部分内容，在写作这部分内容时有些简单方法可以帮助我们更好地书写这部分内容。

如何对现金流量表进行分析

　　投资人在商业计划书中看现金流量预测表时并不会亲自去分析这些数据，商业计划书制作者需要通过现金流量表分析出公司获利能力、支付能力和偿债能力情况，这就要求我们在表格的最后进行总结分析，让投资人了解到现金流量表背后透露的信息。

　　通过对现金流量预测表的分析我们可以了解到以下的信息。

- 了解公司内部现金流是否合理。

- 了解公司经营状况和盈利能力。

- 了解现金流量的主要来源。

- 了解公司投资决策是否正确。

- 了解融资方式是否适合整体经营风险。

- 了解公司偿债的能力。

- 了解公司投资是否有效。

- 了解公司经营状况如何。

要得到上述问题的答案需要对现金流量表进行分析，我们已经知道现金流量表是由经营活动产生的现金流量、投资活动产生的现金流量和筹资活动产生的现金流量构成，那么在分析时也可从这 3 个方面出发。

（1）经营活动产生的现金流量分析

将经营活动中的现金流入总量和现金流出总量作对比，如果现金流入量大于现金流出量证明盈利能力良好。将销售商品、提供劳务的现金流入量和经营活动中的现金流入总量作对比，如果销售商品、提供劳务的现金流入量占比较大，证明主营业务突出，营销状况良好。

（2）投资活动产生的现金流量分析

在分析投资活动产生的现金流量时，要观察对内投资和对外投资的关系，对内投资是指将资金投资于企业内部生产经营活动所形成的各项经济资源，对外投资是指在生产经营活动以外的投资行为，包括购买股票、债券等投资方式。

如果公司对内投资的现金流出量大幅度地提高，常常表明公司找到了新的投资机会，而流入量的大幅提高则表明经营活动没有充分吸收现有的资金。

如果对外投资现金流入量大幅度增加，表明公司正大量地收回对外投资额，而流出量的大幅度增加则表明经营活动没有充分吸收资金，从而通过对外投资寻求获利机会。

在分析时还要联系筹资活动产生的现金流量进行综合分析，在经营活动产生的现金流量不变的情况下，如果投资活动的现金净流出量主要依靠于筹资活动产生的现金净流入量，那么表明公司的投资规模扩大主要依靠于外部筹资，公司正在寻求扩张。

（3）筹资活动产生的现金流量分析

公司筹资的目的可能是为了扩大规模，也可能是投资活动或经营活动失败，导致不得以筹资。因此在分析筹资活动产生的现金流量时要看筹资的目的。如果是为了扩大经营规模的主动筹资，那么此时筹资活动产生的现金流量如果大于零就是正常的。

如果筹资活动产生的现金流量小于或者等于零，有可能是因为已经实现的筹资的目的，此时需要利用经营活动产生的现金流量或者投资活动产生的现金流量进行债务偿还，也可能是因为经营活动或投资活动失败，导致需要变卖资产偿还债务。

如何查看行业财务数据

我们已经知道对没有历史数据来进行财务预测的公司来说，可根据行业数据或同行业公司的数据来进行财务预测，如何获取这些数据是比较重要的一步。如果要查询上市公司的财务数据是比较简单的，可通过各大财经网站进行查询，下面以新浪财经为例来看看如何获取财务数据。

Step01 进入新浪财经官方网站首页（http://finance.sina.com.cn/），单击"数据"超链接。

Step02 进入新浪财经-行情中心首页，①输入要查询的公司名称或股票代码，②在下拉列表框中选择公司名称选项。

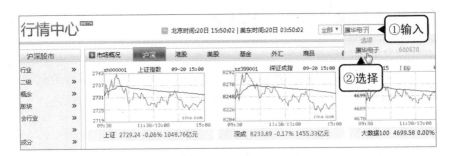

Step03 进入个股行情中心，在首页左侧"财务数据"栏中可以看到不同的数据，单击要查看的数据类型，比如单击"资产负债表"超链接。

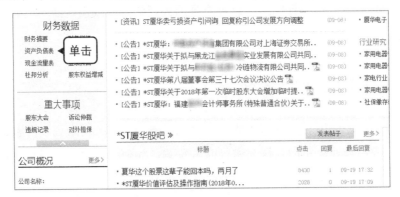

Step04 在打开的页面中即可查看到不同日期的资产负债表数据，单击"历年数据"栏中的不同年份可查看对应的资产负债表数据；单击"财务报表"栏中的不同报表名称可查看到对应的报表数据。

财务报表：财务摘要 资产负债表 利润表 现金流量表				
历年数据：2018 2017 2016 2015 2014 2013 2012 2011 2010 2009 2008				

*ST厦华 (600870) 资产负债表				单位：万元
报表日期	2018-06-30	2018-03-31	2017-12-31	2017-09-30	2017-06-30
流动资产					
货币资金	2,464.02	2,830.10	2,597.61	2,573.21	2,387.75
交易性金融资产	--	--	--	--	--
衍生金融资产	--	--	--	--	--
应收票据	--	--	--	--	--
应收账款	784.76	1,120.59	2,863.06	1,308.99	1,750.19
预付款项	342.57	88.49	86.92	120.99	23.05
应收利息	--	--	--	--	--
应收股利	--	--	--	--	--
其他应收款	3.40	10.89	5.17	8.31	1.94
买入返售金融资产	--	--	--	--	--

获取上市公司的财务报表除了可以在财经网站上获取外，还可以在相关行情软件上查询到。另外，还有一种公司属于非上市公众公司，这类公司的财务数据不能在财经网站、行情软件上获取，我们可以通过证监会网站获取此类公司相关财务报表，如图6-2所示为在证监会官方网站上查询到的某非上市公众公司的资产负债表。

重要财务指标	资产负债表	现金流量表	综合损益表
报告期	2017-12-31	2016-12-31	2015-12-31
报表类型	年报	年报	年报
非流动资产	29196.028	28082.028	21015.464
流动资产	54438.135	23634.532	21874.383
流动负债	20517.37	12475.947	10242.723
净流动资产/(负债)	33920.765	11158.585	11631.66
非流动负债	103618.175	64815.964	50316.796
少数股东权益－(借)/贷	57.734	47.035	
净资产/(负债)	-40501.382	-25575.351	-17669.672
已发行股本	0.098	0.093	0.093
储备	-49897.743	-34190.101	-26133.696
股东权益/(亏损)	-40559.116	-25622.386	-17669.672
无形资产 (非流动资产)	19852.974	19148.84	17788.854
物业、厂房及设备 (非流动资产)	915.682	511.23	446.47
附属公司权益 (非流动资产)	--	--	--
联营公司权益 (非流动资产)	1939.107	2384.674	156.891
其他投资 (非流动资产)			
应收账款 (流动资产)	461.955	314.106	278.509
存货 (流动资产)	88.374	38.581	7.86
现金及银行结存 (流动资产)	19408.839	9376.575	16804.326
应付帐款 (流动负债)	2668.799	1299.747	441.585
银行贷款 (流动负债)	162	1	
非流动银行贷款	--	--	--
总资产	83634.163	51716.56	42889.847
总负债	124135.545	77291.911	60559.519
股份数目 (香港)	--	--	--
币种	人民币	人民币	人民币

单位：(百万元)

图6-2 某非上市公众公司资产负债表

如果该公司没有公开发行股票但是公开发行了债券，那么也可在相关网站上查看到该公司的财务报表，下面我们以在上海证券交易所官网查询公开发展债券公司的财务报表为例，来看看如何查询。

Step01 进入上海证券交易所官方网站（http://www.sse.com.cn/），①在首页搜索框中输入某债券发行公司或债券代码，②单击"搜索"按钮。

Step02 在搜索结果中找到相关报告，单击其标题。

最新公告		今日行情
› 成都▇▇▇▇▇公司债券2018年半年度报告 ◄单击	2018-08-31	
› 成都▇▇▇▇▇公司债券2018年半年度报告摘要	2018-08-31	
› 成都▇▇▇▇▇公司债券2018年半年度财务报表及附注（含担保人财务报表）	2018-08-31	
› 成都▇▇▇▇▇主体与2012年度企业债券2018年度跟踪评级报告	2018-06-27	20.30
› 2012年成都▇▇▇▇▇企业债券2017年度发行人履约情况及偿债能力分析报告	2018-06-19	

Step03 在打开的页面中即可查询到该公司的相关报表、损益表、资产负债表。

2018 年半年度报告

附件 财务报表

合并资产负债表
2018 年 6 月 30 日

编制单位：成都▇▇▇▇▇▇经营中心　　　　　单位：万元 币种：人民币 审计类型：未经审计

项目	期末余额	期初余额
流动资产：		
货币资金	65,970.66	41,598.84
结算备付金		
拆出资金		
以公允价值计量且其变动计入当期损益的金融资产		
衍生金融资产		
应收帐款	211,813.72	208,533.87
预付款项	3,850.33	3,368.58
应收保费		
应收分保账款		
应收分保合同准备金		
其他应收款	620,194.39	607,506.40
买入返售金融资产		

　　没有公开发行股票和债券的企业其没有义务对外公开自己的财务数据，那么这些公司的财务数据通常是无法查询到的。这时，只能通过市场调查的方式来获取相关数据，再通过计算得出需要的数据并填写财务报表。

第 7 章

物流、车辆类 商业计划书

目前，车辆交通运输行业呈现出一种稳中向好的发展态势，与车辆交通运输相关的各种创新商业模式也在不断出现，本章我们将以车辆交通运输行业的商业计划书为例来看看商业计划书中营销策略、资金需求及投资退出机制的写作要点。

案例：
××物流公司商业计划书

市场营销是商业计划书必不可少的内容，市场营销贯穿于公司经营活动的全过程中，那么关于市场营销的内容要如何写呢？下面来看一个案例。

范例节选

第六章：市场与销售

一、市场及运营思路

1. 首先建立物流信息系统。

现阶段我国物流企业的最大弱点即缺乏规模经营、网络化运作，信息沟通成为其很大的障碍。物流企业，通过信息技术方面的投资，完善企业信息系统建设，可加强物流组织过程中的信息处理功能，为物流活动的开展提供强有力的网络化信息支持，借助信息技术，利用电子商务技术整合企业现行的业务流程，通过多种方式走规模经营、网络化的道路，迅速扩大企业的规模。

2. 开展以高速公路为主的省级间快速集散运输服务，并形成全国物流网络。

现在的汽运已不可能再是单点运输、吨公里0.5元计费，必须要有运输网络，开展往返运输才有利可图，才能有竞争力。为突出汽运的"门对门"特点，也必须要搞网点建设，先建点，后连线，再织网。

3. 形成运输上的优势，拉动仓储上的需求。

虽然物流最大营利点在运输配送上，但仓库是开展物流活动的依托，是组织，管理、调节物流活动的据点。另一方面为客户提供物流的全方面服务，以客户为导向，在为客户提供全面物流服务的同时完善自我的物流体系。

4. 确立品牌战略，充分发挥品牌效应，获取良好效益。

树立物流发展的精品名牌意识，严格制定各项物流质量标准，才能够不断提高物流服务水平。其次要引进先进技术手段，设计创造物流服务的精品名牌意识，严格制定各项物流质量标准，设计查询物流服务的精品内容、名牌项目。最后要强化物流技术与管理人员素质培训，建立优秀的物流人才队伍，确保企业名牌战略的实现。

5. 发展大型客户，整合社会上现有的物流资源。

大型企业的物流网络多数是单向的，目前情况是很多企业并没有充分利用它开展往返运输，因为这不是它的主营业务，对于为它提供物流服务的物流企业来说，也并没有完全能够开展这项业务。

研究分析大型生产、销售企业及大型物流企业，确定它们的需求，尤其要了解它们的产品流向，着重解决它们的返空问题。作为生产性企业，它不会想解决物流企业的回空问题，它只会考虑它的产品销售。而作为物流企业，尤其是一般型企业，它的网络建设并不健全，所以在这方面有很大的需求和利润空间，我主张同行业之间主要应是合作，而非竞争，今后在全国各地设点，也不是设置传统的物流公司，而应该是当地物流公司的组织者，充分发展物流的下线。在各地成立公司实质上是成立各地的物流信息的端口，构成物流的信息平台，它的主要职能应是对外部物流资源的整合与管理。

有确定客户后，根据实际情况按适当比例投入一些设施，如果在社会上能够找到提供同样服务的物流供应商，就不需要在设备上的投入，以我们客户的物流需求为导向，联合现有的社会物流企业，在全国主要省市寻找当地物流比较好的区域型物流公司，形成我们的物流网点。

在有客户的地方设立自己的分支机构，使它在一开始就具备一定的客户资源，同时开展当地的物流业务，这种办法投资少，比较稳妥，一开始就走以客户需求为导向的办法。

6. 集中精力开展第四方物流服务

公司的总体发展方向是第四方物流公司，今后我公司将发展物流会员制企业，提供全程物流服务，主要以代理形式，输出管理和组织，形成我们的物流体系。我们要提供一般物流公司在物流操作中解决不了的问题，以实现小投入，大影响的目的。

二、市场计划

公司将综合考虑网络直销、建立销售队伍来促进销售，与此同时，我们将致力于建立全国化的物流网络。

实施步骤：

首先是市场渗透，在充分调查各环节之后进入物流市场；其次是注意具体的销售渠道，前期把电子行业的企业作为我们的重点开发对象；同时注意发展合作伙伴关系，寻找同行业其他企业合作的可能性。

三、定价策略

我们经营的是物流交易的电子化平台，打造物流高级化操作模式，适应我们的消费群体无论是单位还是个人都是高档次的消费者，物流的成本在电子行业中占的成本比重是很低的，他们最注重是物流质量，对于非经营性的个人来说，他如果让我们上门提送货、要的是有一定市场知名度的放心公司。

我们最终定价的原则是根据：供需情况、成本、毛利目标、市场价格形势和公认价格等综合得出。将按月、季度、年度来审查价格，以保证基本利润不受损失。

四、市场推广

利用自身的各种资源来发现不同的宣传方式，使用各种各样的方法来获取免费广告宣传和促销效果。

为保证我公司产品的成功出台，需要扩大促销力度，需要特别有能力的专业化程度高的顾问、广告代理商或公共关系公司，计划在主要贸易杂志上发布广告性质的软性文章，制定综合性的广告宣传内容和推广计划。

由于我们在公共关系上的努力，在这一崭新的物流电子商务平台领域中提供的服务处于领先地位，使我们的声誉和产品品牌在市场各界的心目中不断提高，对我公司的发展前景与市场繁荣起到举足轻重的作用。我们将按正常的方式广泛地联系下列各部门：物流相关刊物的编辑部门，商务和地方出版机构，现有及潜在客户所在公司的主要管理人员，竞争对手，销售代表等。再比如参加物流研讨会、新闻发布会、学术讨论会等。

五、社会认证

社会对我公司的评价是一种重要的销售工具,它可增进我公司的社会认可度,缩短推广周期,可找一些行业分析家、主要顾问、大学为我们的服务进行公开的支持性评论,或我公司进行国际化的质量标准认证。

点评分析

任何公司都需要市场营销,对初创公司来说尤其如此,公司或公司产品常常不具备知名度,这时就需要通过市场营销来打开市场。市场营销的策略很多,包括价格策略、产品策略、网络营销策略等。

本例中的市场营销策略有品牌策略、定价策略、促销策略、售后服务策略等。通过阅读可以发现本例中市场营销内容的大致步骤是先概述制定的营销策略,再说明销售渠道、方式,最后说明主要的定价方案和促销方式。由于市场营销方式多种多样,而不同的公司面对的消费群体是不同的,因此不同公司制定的营销策略是有区别的。不管是怎样的营销策略,在商业计划书中,市场营销的内容通常都要解决以下的问题。

- 你的营销渠道是什么?

- 你的主要营销策略是什么?

- 你的定价策略是什么?

- 你的市场渗透计划是什么?

- 在经营中你会怎样实施促销策略?

- 你是如何建设你的营销网络的?

要回答上述的问题,可以从以下几方面来进行阐述。

（1）营销概述

在市场营销内容的开始部分应该简单概述营销计划，说明整个营销战略的规划。营销计划可以从以下内容来进行概述，如图 7-1 所示。

营销目标

说明此次的营销计划要实现怎样的营销目标，这个营销目标应该是具体的、有期限的、可执行的。

营销背景

简单说明目前的营销背景，可从消费者需求、竞品、公司的弱点、市场特征等方面概述。

内容的简要说明

简单说明营销计划的核心内容，比如主要营销策略、营销策略执行后的预期效果、使用的资源有哪些等。

图 7-1　市场营销概述可以包括的内容

（2）**产品策略**

产品策略是市场营销策略的核心，指公司通过怎样的产品或者服务区满足怎样的消费者，产品营销策略包括商标、品牌、包装、产品组合、产品生命周期、产品定位这几个方面。

商标之所以会成为产品营销策略是因为商标是消费者辨别某一商品的"脸谱"，通过商标消费者可以找出自己需要的商品，从营销的角度来讲，商标策略有以下几种。

● **单一与多种商标策略**：单一商标策略指一个产品或公司只用一个商标，多种商标策略指同一产品或公司使用多个商标。

● **商标注册与不注册**：商标注册与否主要是由公司规模决定的，

通常大公司会采取商标注册策略，许多初创公司在推出的新产品时通常采用不注册策略，当产品市场销量稳定后再注册。

● **保留或更换**：只要商标在消费者市场中没有负面影响通常不会更换商标，当商标声誉受损时常常会采取更换策略。

品牌策略的核心是品牌的维护与传播，公司塑造品牌的方式多种多样，包括电视广告、报纸、户外广告等。常用的品牌策略有以下几种，如表 7-1 所示。

表 7-1 常用的品牌策略

品牌策略	基本介绍
单一品牌策略	指为某一新产品或公司产品中的某个产品制定单独的品牌营销策略，比如宝洁公司就拥有多个品牌，包括飘柔、潘婷等，这种策略的优势在于即使推广失败，也不会影响其他品牌声誉
合作品牌策略	指两个或多个品牌联合起来，比如汽车公司与轮胎公司合作
产品线拓展策略	指当增加某个产品时，沿用原有品牌，这个新产品常常是在原有产品的基础上进行局部改进

大多数产品从生产出来以后再到送达到消费者手中，都需要容器或包扎物进行包装，目前包装的作用不仅仅局限于对商品起保护作用，它已经成为一种营销手段。

包装的颜色、形状等都能吸引消费者，在进行产品包装时要遵循适用、美观、经济和环保的原则，产品包装策略主要有以下几种。

● **类似包装**：所有产品的包装在形状、图案等方面采取同一种或者类似的包装样式。

● **组合包装**：是指将有联系的各种产品包装在同一包装物中，组合包装是比较常见的一种包装形式，比如洗发水套装。

● **附赠品包装**：指在产品包装物中附送赠品，比如在咖啡产品包装中附赠咖啡杯。

- **重复使用包装**：指消费者购买产品后，包装物在产品使用完后，还可重复使用。

- **分组包装**：指针对消费者的不同需求采取不同等级包装策略，比如精美包装、简装等。

- **新形象包装**：随着市场、产品、审美等的不断变化，需改变包装的形式，让产品以新形象出现在市场上。

公司的产品常常不止一种，随着市场的发展会不断拓展新产品或删除不能满足市场需求的旧产品。如何促进销售，增加利润是进行产品组合策略的关键，在调整产品组合时，要根据市场来确定产品组合策略。产品组合策略主要有以下几种，如表 7-2 所示。

表 7-2　常见的几种产品组合策略

组合策略	内容
扩展产品组合	在保证原有产品不变的基础上，增加新产品，以拓展新的产品线。比如增加同一规格不同型号的产品，或同样款式不同价格的产品
删减产品组合	指删除或减少销量不好或已被市场淘汰的产品
低档产品组合	由于不同消费者的消费水平和经济能力是不同，在原有产品线的基础上，针对中低档消费者采取增加中低档次、中低价格的产品策略
高档产品组合	在原有产品线的基础上，针对高档消费者，增加高档次、高价格的产品

（3）价格策略

面对不同的价格，消费者会产生不同的心理反应，每一位消费者可接受的产品价格是不同的，价格策略是通过产品定价来吸引消费者，只有产品定价合理才能使买卖双方达成共识。

产品的价格不仅能影响消费者的消费行为还会影响产品销售利润，因此价格策略对任何公司来说都是很重要的，在制定产品价格时可以按照以下的步骤来进行，如图 7-2 所示。

【第一步】确定定价目标，定价目标可以是维持公司生存、利润最大化、满意的投资报酬率等。

【第二步】确定需求，在正常情况下，价格与市场需求会按照反方向运动，因此产品定价的第二步是确定需求。

【第三步】估算成本，产品成本决定了产品价格的最低限度，如果产品定价低于产品成本那么将无利可图，因此制定价格时要考虑成本。

【第四步】选择产品定价方法，在定价目标、市场需求和产品成本都已经确定的前提下，选择价格决策理论，计算出产品的最终价格。

图 7-2　产品定价步骤

产品定价的方法主要有 3 种，分别是成本导向、竞争导向和顾客导向。成本导向是以产品单位成本为依据，再加上预期利润来确定价格；竞争导向是通过考虑竞争对手的生产水平、价格水平等，再根据自身竞争力，参考成本和供求状况来确定价格；顾客导向是以消费者需求为核心来确定产品价格。

产品定价的方法有多种，应根据市场状况及经营策略来选择定价方法，通过定价方法计算出产品价格后，对最终确定的价格还要保证符合相关政策规定，与定价目标相符。产品价格制定后也不会一成不变，要根据复杂的市场情况恰当地改变当前价格。

（4）营销渠道策略

产品营销的策略纷繁复杂，包括网络渠道、代理商渠道、经销商渠道等，产品从厂家转移到消费者手中都需要经过不同的营销渠道。营销渠道策略主要有以下几种。

- **直接渠道策略：** 指不经过中间商直接将产品出售给消费者，直接渠道的优点在于能够降低中间流通费用。

- **间接渠道策略：** 指通过流通领域的中间环节将产品出售给消费者，这些中间环节包括批发商、零售商、代理商、经销商等，间接渠道策略的优点在于能够增加产品的市场覆盖面。

- **长渠道策略：** 指通过两道及两道以上的中间环节才将产品出售给消费者。

- **短渠道策略：** 指通过一道中间环节将产品出售给消费者，分销渠道的长度取决于产品在流通领域的中间层次的多少。短渠道策略能够减少商品损耗和流通费用，但也增加了直销费用。

- **宽渠道策略：** 指选择多种中间商作为产品的分销渠道，分销渠道的宽度取决于每个层次上使用同类型中间商数量的多少。

- **窄渠道策略：** 指选择一种中间商作为产品的分销渠道。

- **单一营销渠道策略：** 指选择一条营销渠道将产品销售出去，比如只选择批发商渠道销售产品。

- **多营销渠道策略：** 指选择两条或者两条以上的营销渠道将产品销售出去。

- **传统营销渠道：** 传统营销渠道是指通过传统营销模式将产品销售出去，与之相对应的是网络营销渠道。传统营销渠道经典模式为：厂家—总经销商—二级批发商—三级批发商—零售店—消费者。

- **网络营销渠道**：指通过互联网络及交互式媒体来将产品销售出去，我们熟知的搜索引擎营销、博客营销、网上商城营销等都需要网络营销渠道。

（5）促销策略

实行促销策略的目的在于吸引消费者注意，从而让他们产生购买行为，促销方式主要有人员促销和非人员促销两种。人员促销即促销人员与消费者进行面对面的推销，而非人员促销指通过户外广告、网络广告等传播媒体来进行推销。

人员促销是一种普通、基本的促销方式，具有针对性强、成交及时、能够发展客户关系的优点。非人员促销通过广告宣传来吸引消费者，它适合于市场广大，消费者数量多且分散的产品。许多公司常常采取组合促销策略，即将人员促销与非人员促销结合起来。

案例：
××汽车服务有限公司
商业计划书

许多创业团队或者公司撰写商业计划书的目的都是为了获得融资，那么作为创业者就需要向投资人说明融资的具体金额、融资方式等，同时，还需说明资金的具体用途，下面以××汽车服务有限公司商业计划书为例看看关于融资说明部分的内容。

范例节选

8、融资计划

8.1 融资额度：

第一阶段：资金需求 3 500 万元（已投资 400 万元，还剩自有资金 500 万元），资金需求时间在 2014 年 7 月前；

第二阶段：需求资金 3~5 亿元，资金需求时间在 2017 年；

第三阶段：需求资金 10 亿元，通过上市融资。

8.2 股权融资数量和价格：

（1）拟初期引入资金 3 000 万元，第一批需实到资金 1 000 万元，出让 30% 股份，用于发展 ×× 和 ×× 的网点建设。

（2）第二批资金 2 000 万元，出让 10% 股份，用于 ×× 等其他镇、区的网点建设。

（3）合计出让 40% 股份。

8.3 资金用途：

第一阶段：在 ×× 区 ×× 和 ×× 镇开设 10 家汽车美容店及两家汽车修理厂，预计使用资金 1 000~1 500 万元，主要用于收购与新建店面，其中部分用于内部管理建设；

第二阶段：主要用于 ×× 的网点建设，包括收购与新建，主要通过引入投资者解决资金；

第三阶段：主要使用在上游或下游的收购与兼并，如 4S 店、汽车配件或用品公司等。

8.4 投资收益：

（1）2018 年 3 月 1 日前，即 4 年后，"××"公司回购 30% 的股权，回购价约定为 5 倍，即 1.5 亿元。同时确保投资方在股改后大概持有公司 10% 的股权，约占 2 000 万股。

（2）公司上市后两年内，预计收益在 3~5 亿元，投资回报约 15 倍。

（3）预计 6~7 年总投资回报为 15~20 倍。

8.5 投资者的权益：

（1）投资者权利

全盘财务监控、参与董事会共同决策。

（2）投资者权益保障方案

1）对赌协议。

2）制定年度发展方案，并执行月报、季报及年报制，结合年度全面审计，以确保按计划进行。

点评分析

从范例节选的内容中可以看出，该项目建设所需资金分 3 个阶段进行筹措，每个阶段所需资金的额度及主要筹措方式有所不同。除此之外，该商业计划书的融资计划还阐明了股权融资数量和价格、资金用途、投资收益和投资者的权益等信息，让投资者了解公司和项目的最真实融资情况。

对许多大型公司来说，如果能够通过自筹筹得所需资金，则会采取自筹的方式，而对许多中小型公司或者初创团队来说，他们融资资金的来源除了自筹还有其他融资方式。

在商业计划书中进行融资说明时，除了要对希望投资人投资多少及所占股份进行说明外，还需对资金的其他来源进行说明。这部分内容可以按照以下的思路来书写。

● 说明该项目需新增投资多少万元。

● 说明新增的投资中投资人需要投资多少，如果投资人的投资资金会折算为股份，那么需说明股权定价为多少元/股，共多少股，出让多少股份，投资人投资后将会获得多少股。

● 说明资金的其他来源或其他融资渠道有哪些。

创业团队或者公司的其他融资方式主要有以下几种。

【银行贷款】

银行贷款融资是目前主要的融资方式之一，它属于间接融资。银行提供的贷款品种多样，某些贷款产品需要办理抵押或第三方保证担保手续才可贷款成功，如果公司向银行的借款存在抵押或担保，那么在商业计划书中针对银行贷款的内容就要说明抵押或担保措施是什么。

【债券融资】

债券融资属于直接融资，是指通过发行债券取得融资资金，当然并不是任何公司都可以进行债券融资，有关管理机构对债券发行公司有一定的要求，因此初创团队或者中小型公司不会通过发行债券进行融资。

如果公司的融资方式中有债券融资方式，那么在商业计划书中就需说明债券的期限、利率，以及通过债券融资取得了多少资金。

【信用担保融资】

信用担保融资是许多中小型公司重要的融资途径，有公司为公司提供担保，担保公司作为公司担保人向银行提供担保，从而使公司取得融资资金，在商业计划书中要说明承担担保的担保人是谁。

【股权出让融资】

股权出让融资是指通过出让部分股权来融得所需资金，如果公司融资方式中存在股权出让融资，那么在商业计划书中就要说明股权出让价格、出让股权的比例划分，是部分股权还是少量股权。

【内部融资】

内部融资的资金是公司的自有资金，这种融资方式成本较低，在商业计划书中要说明将哪些内部资金用于了融资，比如将资本金、留存收益转化为新增投资。

【政策融资】

政策融资指以政府信用为担保，通过政策性银行或其他银行获得融资资金，政策融资成本小、风险低。在商业计划书中要说明取得了多少政策性融资及政策性融资的融资方式是什么，政策融资的融资方式包括政策性贷款、政策性担保、财政贴息、专项扶持基金和政策性投资。

【发行股票融资】

在公司还未上市之前，通常会通过股票发行来筹资，在商业计划书中要说明发行的是普通股还是优先股，以及发行的数量。如果出售的是普通股应表明普通股的类型，是否分配红利及红利是否可以积累等。如果出售的是优先股那么需表明股利的支付方式、是否可转换等。

如果投资人属于股票融资对象中的一员，并且他所持有的股票较多，那么投资人就会希望能够在公司获得一定的席位或者拥有一定的权利，这时要说明投资者享有哪些监督、管理的权利，通常情况下，在投资人投资后会获得以下的权利。

● **知情权**：投资人有权查看公司财务报告、公司章程、股东会会议记录等。

● **管理参与**：投资人在公司董事会中会占有一定的席位，有权管理并参与公司经营。

● **监督权**：投资人有权对其他管理岗位的成员进行监督。

- **退出权**：在合适的时候，投资人有权退出公司，比如公司上市后、破产时等。

- **跟投权**：在公司未来增资时，投资人有权按其规定的条件购买股份。

- **质询权**：投资人有权对公司做出的重要决策提出质疑和建议。

- **否决权**：投资人有权对公司提出的重大经营决策进行否决，以保障投资安全。

对融资方式进行说明以后，还需在商业计划书中说明资金的用途，在阐述资金用途这部分内容时可以使用表格罗列出资金的使用计划。包括资金投入的起止时间、项目不同阶段资金的投入情况等。如果资金使用计划比较简单也可以按照以下的方法进行说明。

计划引进总金额为 3500 万元的投资，当期主要用于下列途径：

1. 引进软件开发人员，引进金融量化分析人才及数理统计专才，购置对应设施并支付开发费用 500 万元。

2. 软件产品营销预算 1 500 万元。

3. 补充硬件代理和系统集成的流动资金 1 500 万元。

案例：
××物流中心商业计划书

投资人明白任何投资都是有风险的，而其中一个风险就是退出风险。

如果在商业计划书中没有明确表明资金的退出方式，投资人很可能会认为该项目退出风险过大，从而放弃投资，因此在商业计划书中说明资金退出方式是很有必要的，下面来看看××物流中心商业计划书中关于退出机制的描述。

范例节选

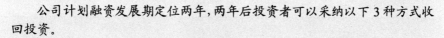

五、投资者退出方式

公司计划融资发展期定位两年，两年后投资者可以采纳以下3种方式收回投资。

利润分红：公司严格按照公司法运作和管理，公司进入稳定发展时期，形成利润后，按照股份进行利润分红，逐年收回投资。

股权回购：两年后，公司可以按照股本加当年银行的存款利息回购投资者股权。

股权转让：两年后，公司同意投资者按照先内后外的方式进行股权转让。

点评分析

在本例中可知投资者的退出方式有利润分红、股权回购和股权转让 3 种，实际上投资人收回投资的方式不只局限于这 3 种，还有其他退出方式，下面就来看看这些退出方式。

（1）上市退出

对投资人来说，他们认为最理想的退出方式就是公司上市后，通过卖出持有股票的方式退出，这种退出方式常常会让投资人获利不少。对创业团队来说，他们也希望公司能够上市，但并不是任何公司都能轻易上市。

根据公司实力水平的不同，公司上市的板块可分为主板、创业板、中小板。通常情况下，大多数风险企业都达不到主板上市的条件，因此他们常常会选择创业板、中小板上市。在商业计划书中要说明预估的上市板块、是否拥有良好的上市机会及选择该板块上市的原因是什么。

　　不同的板块上市的条件是不同的，公司想要上市首先需满足上市的条件，根据 2015 年 12 月 30 日中国证券监督管理委员会《关于修改〈首次公开发行股票并上市管理办法〉的决定》修正）条例，公司上市的条件如表 7-3 所示。

表 7-3　公司上市条件

上市要求	主板和中小板	创业板
财务要求	1.最近 3 个会计年度净利润均为正数且累计超过人民币 3 000 万元，净利润以扣除非经常性损益前后较低者为计算依据； 2.最近 3 个会计年度经营活动产生的现金流量净额累计超过人民币 5 000 万元，或者最近 3 个会计年度营业收入累计超过人民币 3 亿元； 3.最近一期末无形资产（扣除土地使用权、水面养殖权和采矿权后）占净资产的比例不高于 20%； 4.最近一期末不存在未弥补亏损 5.依法纳税，各项税收优惠符合相关法律法规的规定； 6.不存在重大偿债风险，不存在影响持续经营的担保、诉讼及仲裁等重大或有事项	1.最近两年连续盈利，最近两年净利润累计不少于 1 000 万元，且持续增长，或者最近一年盈利，且净利润不少于 500 万元，最近一年营业收入不少于 5 000 万元，最近两年营业收入增长率均不低于 30%； 2.最近一期末净资产不少于 2 000 万元，且不存在未弥补亏损； 3.不存在重大偿债风险，不存在影响持续经营的担保、诉讼及仲裁等重大事项； 4.依法纳税，享受的各项税收优惠符合相关法律法规的规定
发行人要求	发行人自股份有限公司成立后，持续经营时间应当在 3 年以上，但经国务院批准的除外	发行人是依法设立且持续经营 3 年以上的股份有限公司，有限责任公司按原账面净资产值折股整体变更为股份有限公司的，持续经营时间可以从有限责任公司成立之日起计算

续表

上市要求	主板和中小板	创业板
股本要求	发行前股本总额不少于 3 000 万元	发行后股本总额不少于 3 000 万元
盈利能力	经营模式、产品或服务等不影响持续盈利能力	发行人应当具有持续盈利能力
董事会要求	最近 3 年内主营业务和董事、高级管理人员没有发生重大变化，实际控制人没有发生变更	最近两年内主营业务和董事、高级管理人员均没有发生重大变化，实际控制人没有发生变更
公司管理	1.有严格的资金管理制度，不得有资金被控股股东、实际控制人及其控制的其他企业以借款、代偿债务、代垫款项或者其他方式占用的情形； 2.公司章程中已明确对外担保的审批权限和审议程序，不存在为控股股东、实际控制人及其控制的其他企业进行违规担保的情形	1.具有完善的公司治理结构，依法建立健全股东大会、董事会、监事会及独立董事、董事会秘书、审计委员会制度，相关机构和人员能够依法履行职责； 2.资产完整，业务及人员、财务、机构独立，具有完整的业务体系和直接面向市场独立经营的能力

公司到底选择怎样的板块上市是从上市条件、公司发展目标、规模水平、上市成本等方面综合考虑后决定的。从公司自身的情况来看，如果是传统行业并且预计拟上市时规模也不是很大，这时可以选择境内中小板、创业板上市。如果公司属于新兴行业，比如互联网、新能源、人工智能等，可选择境外上市。另外如果公司未来发展目标是面向海外市场，那么选择境外上市还可以提高海外知名度。

对于规模较大的公司，比如金融、矿产资源、大型设备行业的大型公司，可选择境内的主板上市。除了考虑自身情况外，还要从上市成本来考虑上市的板块，如果上市失败，那么上市所支付的成本在短期内是无法得到弥补的。并且公司上市都要经历一年甚至几年的时间，如果上市时间过长也会增加上市成本，因此考虑上市成本是很有必要的。

（2）股权转让退出

股权转让退出是指通过股权转让的方式来退出，股权转让也会让投资人获得不少收益，它的优势在于投资人能够快速地收回现金或将股权变为可流通证券。如果公司此时还不能上市，选择股权转让的方式退出是投资人不错的选择。

（3）股权回购退出

股权回购退出是指公司的管理层从投资人手中购回股权，从而让投资人退出。为了保证管理层能够回购公司股权，通常情况下投资人会与公司实际控股股东签订一定的协议，约定在一定条件下，投资人可以要求管理层回购股权。管理层回购的价格一般为股本加上一定的利息。

而公司管理层之所以会同意回购协议，这是因为管理层对公司未来的发展有信心，认为未来股权价值会升值。通常情况下，只有在公司未完成上市程序时或上市失败后，投资人才会选择以股权回购的方式退出。

（4）债券融资退出方式

如果公司是以债券的方式向投资人取得融资资金，那么就要在商业计划书中说明债券融资的退出方式。通过债券融资取得资金，公司与投资人之间就只是单纯的债权债务关系，此时的投资人并不会参与公司管理，只需等到债券到期，投资人便可收回本息退出，如果公司破产清算，投资人也可优于股东享有对公司剩余财产的索取权。

（5）并购退出

并购退出是指其他公司通过兼并或收购的方式让风险资本退出，虽然并购退出并不是一种理想的推出方式，但是投资人可以很快地退出，再进行下一轮投资。目前，并购正逐渐成为热门的退出方式，通常情况下，并购价格的多少和交易是否达成是由投资人自己选择的结果。但有时，投资人想要并购退出时也会受到管理层的阻碍。

与上市退出一样，并购退出也是主要的退出方式，它的优势在于风险资本退出的时间更短，在市场低迷的情形下，并购退出是不错的选择。

（6）破产清算退出

破产清算退出是一种迫不得已的退出方式，如果公司宣布破产，法院会依据相关法律规定组织清算组对公司进行清算，虽然破产清算是投资人不愿看到的结果，但是投资人还是能够收回一部分资金。

在商业计划书中应指出最主要和最可能的退出方式，对于投资人不愿看到的破产清算退出方式，可说明存在破产清算风险但会采取措施来防范风险的发生，让投资人相信这种退出方式不太可能发生，增强投资人投资的信心。

提示

在商业计划书中可以将投资回报分析和资金退出方式的内容放在一章中进行阐述，让投资者更直观地看出他将获得多少投资回报，投资后资金如何退出。

写作提示

在商业计划书中描述价格策略时，产品的价格并不是随便设定的，产品的定价必须合理，掌握科学的定价方法可以帮助我们更合理的定价。在阐述融资说明和投资退出内容时也有些注意事项需要我们注意。

如何通过定价方法来定价

前面我们已经知道常用的定价方法主要有 3 种，那么如何通过这些定价方法来定价呢？下面一起来看看。

（1）成本导向定价法

成本导向定价法可细分为两种定价方法，其中一种为总成本定价法，另一种为目标利润定价法。总成本定价法比较简单，其计算公式如下：

$$P=c\times (1+r)$$

其中，P 为商品的单价，c 为商品的单位总成本，r 为商品的加成率。

目标利润定价法是通过保证产品的价格达到预期的利润率来定价，其计算公式如下：

产品价格=[（单位变动成本+单位固定成本）/（1－销售税率）]+目标利润/[预计销售量×（1－销售税率）]

目标利润=（单位变动成本+单位固定成本）×预计销售量×成本利润率

目标利润定价法要估计出预期的总销售量，同时还需确定预期达到的目标收益率后，再推算出价格。

（2）需求导向定价法

需求导向定价法可细分为 3 种定价方法，分别为认知导向定价法、逆向定价法和习惯定价法。

认知导向定价法根据消费者对产品的价值认知来定价。使用认知导向定价法来定价，首先需预测消费者对产品的接受程度，再预测价格。该定价法的关键是正确预测出消费者对产品的认知价值，如果预测过高会导致定价过高，太低又会使得定价太低。

为了更准确地预测消费者对产品的认知价值，有必要进行市场调研，使得产品定价合理。

逆向定价法通过预测消费者最终可接受的价格来逆向推出中间商的批发价和生产出厂价格，它的计算公式为。

出厂价格=市场可零售价格×（1－批零差率）×（1－进销差率）

这种定价方法能保证中间商的正常利润，产品市场渗透快，但容易造成消费者的不满。

习惯定价法根据市场长期形成的习惯来定价，对许多生活中常用的商品来说，比如洗衣粉、洗涤剂等，市场已经形成了一个习惯价格，针对此类商品通常采用习惯定价法。

（3）竞争导向定价法

竞争导向定价法可细分为 3 种定价方法，分别为随行就市定价法、产品差别定价法、密封投标定价法。

随行就市定价法按照同行竞争者的产品价格来定价，这种定价方法可避免公司陷入价格竞争中，对于市场竞争激烈，需求弹性比较小，供求基本平衡的商品来说，常常采用此定价方法，比如蔬菜、大米、油等。

产品差别定价法通过有意识地选择低于或高于竞争者的价格来定价，如果是高于竞争者的定价，那么要求公司具有一定的规模、实力和品牌，而当公司需要抢占市场时则会采取低于竞争者的定价，以此来赢得消费者。

密封投标定价法主要针对建筑工程、工程设计等需要通过投标来取得承包权的项目，密封价格就是投标者愿意承担的价格，这个价格需根据竞争者的报价和竞标的标的物成本来确定。

如何进行公司估值

在撰写商业计划书前创业者就要想清楚，该项目需要多少资金，会出让多少股份给投资人，每份股份的股价是多少。太离谱的估值会让投资人认为创业者或公司不切实际，而投资人通常也会针对这点和创业者或公司进行谈判，那么如何对公司进行合理估值对创业者或公司来说是一个难题。

在对公司进行估值时，创业者或公司要明确是投资前估值还是投资后估值，如果没有说明投资人也常常会询问。之所以投资人想要知晓是投资前估值还是投资后估值这是因为投资前估值和投资后估值，投资人所占的股份比例是不同的。

公司估值通俗来讲就是估计公司值多少钱，投资人在投入资金以后，那么这笔资金究竟占有多少股份取决于公司内在价值的估值。

公司估值常用的方法主要有两种：相对估值法和绝对估值法。其中相对估值法是最常用的估值方法，计算起来也比较简单，相对估值法会用到3个指标，分别为市盈率、市净率和企业价值倍数，其计算公司如下。

市盈率=每股价格/每股收益

市净率=每股价格/每股净资产

企业价值倍数=企业价值/息税、折旧、摊销前利润

其中，企业价值为公司股票总市值与有息债务价值之和减去现金及短期投资。

市盈率反映了市场对公司未来收益的逾期，将市盈率与行业平均市盈率或与前一年度市盈率相比，如果市盈率高于同行业平均水平，那么说明公司未来盈利可能会上升，市场前景也更好。通常来说，判断公司被高估还是低估，可根据市盈率水平来判断，具体内容如下。

- 0~13 即价值被低估。

- 14~20 即正常水平。

- 21~28 即价值被高估。

预测出市盈率后，要计算出公司合理的股价可以运用以下公式。

合理股价=每股收益×合理的市盈率

运用市盈率来进行估值适用于盈利相对稳定的公司，比如零售业、医药、农产品等，不太适用于制造业、服务业等周期性较强的公司。

市净率反映每股股价与每股净资产的比率，通常情况下，市净率较低的股票等更值得投资。预测出市净率后要计算公司的合理股价可以运用一些公式。

合理股价=每股净资产×合理的市净率

运用市净率来估值适用于无形资产对收入、现金流量和价值创造影响很大的公司，比如银行、房地产、投资理财公司等。

当企业价值倍数与同行业、竞争对手或历史水平相比更高，说明公司估值较高，如果更低则说明公司估值较低。运用企业价值倍数来进行公司估值适用于竞争激励及知名度不高的公司。

绝对估值法是一种现金流贴现定价模型估值法，它通过预测公司未来股利或者未来的自由现金流，来将其折现得到公司每股股票的内在价值。常用的估值模型方法有现金流贴现定价模型估值法和期权定价模型估值法。其中，期权定价模型估值法主要用于期权、权证等定价，现金流贴现定价模型估值法可用以下公式表示。

$$V=D_1(1+k)^1+D_2(1+k)^2+D_3(1+k)^3+\cdots=\sum_{t=1}^{\infty}D_t(1+k)^t$$

其中，D_t 为在时间 t 内与某一特定普通股相联系的预期的现金流，即在未来时期以现金形式表示的每股股票的股利；k 为在一定风险程度下现金流的合适的贴现率；V 为股票的内在价值。

提示

通常情况下，在预测非上市公司的市盈率和市净率时，可通过查看能比较的上市公司的市盈率，乘以一定的乘数来进行预测。比如得知某上市公司市盈率为10%，按1:2的乘数进行预测，则预测自己公司市盈率为5%。

了解了公司估值的常用方法后，部分创业者或者公司可能会有疑问，什么的估值才是合理的？提出该疑问的创业者或公司此时常常面临给投资人报价的烦恼。我们可以从以下方面入手，来更加合理地为公司估值。

- **增长潜力**：公司在不同阶段的发展需求是不同的，新创公司早期阶段估值应更看重公司的发展潜力，首先需明确现阶段需要多少资金才能保证公司的成长，这时融资资金需求会相对较少。比如 100 万元、200 万元等，当公司发展一两年后，此时有了一定的客户群，为了进一步发展，融资需求会比初创时多，比如 300 万元、500 万元等，因此在不同的发展阶段，公司估值应是不同的，在估值和考虑融资需求时要考虑这一点。

- **给投资人多少股权**：对投资人来说，如果创业公司或者团队能够给予投资人的股权太少，那么投资人可能会放弃投资。如果给投资人超过50%的股权是不合理的，通常情况下，给予投资人 20%～30% 的股权比较合适，这也是大多数投资人能够接受的股权比例。

- **倒推合理估值**：按照给予投资人的股权比例来倒推公司估值，如果给予投资人 20% 股权，计划融资 50 万元，那么公司合理估值为 250 万元。

- **公司需要高估吗**：有些时候创业公司或者创业团队都希望公司能够被高估，如果在创业初期得到高估值，那么在下一轮融资时就需要更高的估值，高估值意味着高增长。如果公司做不到高增长，那么在公司后续的发展中，公司将无法得到投资人的投资或者同意许多不利条款来进行一次低估值融资，这对公司的发展都是不利的，最后可能面临被并购或破产的风险，因此对公司来说高估并不一定就好。

- **不同行业估值不同**：不同行业有着不同的估值方式，相对于传统行业，比如餐饮、高新技术或互联网行业的估值可能更高。传统行业公司的估值可能为各种资产的 2～4 倍，而互联网行业公司的估值可能为营业收入的 5～10 倍。

- **考虑供求关系**：在供求关系中，供不应求价格会上涨，这同样适用于公司估值，如果公司提供的产品或者服务正处于供不应求的阶段，那么可能会有更多的投资人对这个项目感兴趣，投资人之间的竞争能够让报价更高，提高估值。

了解新三板挂牌

对某些中小型公司来说，特别是互联网公司、软件公司，它们可能会选择在新三板内公开转让股份，而即将或者未来有可能在新三板挂牌的公司也成为许多投资人重点关注的投资对象，这类投资人常常是机构投资者。如果公司未来有在新三板挂牌的计划，在商业计划书中也有必要进行说明。

据相关数据统计，截至 2017 年 7 月，新三板挂牌企业数量达到 11284家，这表明新三板市场得到了广泛关注。在新三板挂牌具有转板 IPO、实现公司增值、提高知名度的好处，相比在证券交易所上市，新三板挂牌的要求要简单得多，如表 7-4 所示。

表 7-4　新三板挂牌要求

上市要求	主板和中小板
依法设立且存续满两年	指公司依据《公司法》等法律、法规及规章的规定向公司登记机关申请登记，并已取得《企业法人营业执照》
业务明确，具有持续经营能力	指公司能够明确、具体地阐述其经营的业务、产品或服务、用途及其商业模式等信息
公司治理机制健全，合法规范经营	指公司按规定建立股东大会、董事会、监事会和高级管理层（以下简称"三会一层"）组成的公司治理架构，制定相应的公司治理制度，并能证明有效运行，保护股东权益
股权明晰，股票发行和转让行为合法合规	指公司的股权结构清晰、权属分明、真实确定、合法合规，股东特别是控股股东、实际控制人及其关联股东或实际支配的股东持有公司的股份不存在权属争议或潜在纠纷，股票发行和转让依法履行必要内部决议、外部审批（如有）程序
主办券商推荐并持续督导	经主办券商推荐，双方签署了《推荐挂牌并持续督导协议》

从新三板挂牌条件可以看出，只需股权结构清晰、业务明确、公司合法就可申请新三板挂牌，这也是许多公司纷纷跑步进场的原因。

拟通过新三板挂牌的公司通常都是初创、规模小的公司，这类公司想要获得投资人投资，在商业计划书中就要重点展示行业的景气程度，以及市场竞争力，因为这是此类公司的优势。

另外，在融资说明中要阐述如何通过新三板融资，在投资退出内容中要说明新三板投资退出方式及未来转板 IPO 的相关内容。

如何查询最新上市规定

随着证券市场的发展，企业上市的规定有可能会发生一定的变更，那么要如何查询最新的上市规定呢？这时可以在证券交易所官方网站或者证监会的官方网站上进行查询。下面来看看如何通过深圳证券交易所官网查询股票上市规定。

Step01 进入深圳证券交易所官方网站（http://www.szse.cn/），在首页的"法律规则"下拉菜单中选择不同类型的法律规则，比如这里选择"上市公司类"选项。

Step02 在打开的页面中选择上市公司的类型，比如选择"创业板专用"选项。

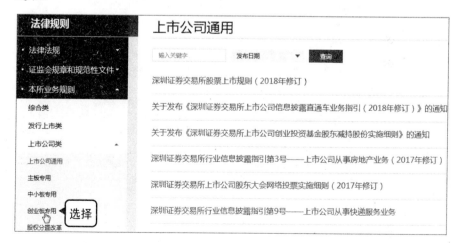

Step03 在页面右侧会显示对应的搜索结果，单击需要查看的上市规则的名称超链接。

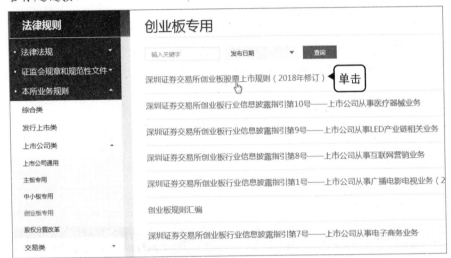

Step04 在打开的页面中即可查看到规则的相关内容。

第一章　总则

1.1　为规范公司股票、可转换为股票的公司债券（以下简称"可转换公司债券"）及其他衍生品种（以下统称"股票及其衍生品种"）的上市行为，以及发行人、上市公司及相关信息披露义务人的信息披露行为，维护证券市场秩序，保护投资者的合法权益，根据《中华人民共和国公司法》（以下简称《公司法》）、《中华人民共和国证券法》（以下简称《证券法》）等法律、行政法规、部门规章、规范性文件及《深圳证券交易所章程》，制定本规则。

1.2　在深圳证券交易所（以下简称"本所"）创业板上市的股票及其衍生品种，适用本规则；中国证券监督管理委员会（以下简称"中国证监会"）和本所对权证等衍生品种、境外公司的股票及其衍生品种的上市、信息披露、停牌等事宜另有规定的，从其规定。

1.3　发行人申请股票及其衍生品种在本所创业板上市，应当经本所审核同意，并在上市前与本所签订上市协议，明确双方的权利、义务和有关事项。

1.4　创业板上市公司（以下简称"上市公司"）及其董事、监事、高级管理人员、股东、实际控制人、收购人等自然人、机构及其相关人员，以及保荐机构及其保荐代表人、证券服务机构及其相关人员应当遵守法律、行政法规、部门规章、规范性文件、本规则和本所发布的细则、指引、通知、办法、备忘录等相关规定（以下简称"本所其他相关规定"），诚实守信，勤勉尽责。

咨询拟上市的相关问题

如果想要了解关于拟上市的其他内容，企业也可在相关的交易所网站查询到有用的信息。比如在深圳交易所官方网站上咨询拟上市的相关问题。

Step01 进入深圳证券交易所官方网站，在首页的"业务专区"栏中单击"拟上市企业服务专区"超链接。

Step02 在打开的页面中单击左侧导航栏的"问题解答"选项卡。

Step03 此时会展开"问题解答"的目录，可以选择不同类型的问题进行查看，也可以在页面右侧的"信息查询"搜索框中直接输入想要了解

的信息的关键字进行查询。

最新动态	❤ 信息查询　输入关键字　发布日期　☐　确定
深交所职能定位与市场服务理念	
企业上市的好处	**问题解答**
在深圳证券交易所上市的优势	› 工商总局有关负责人就《股权出资登记管理办法》答记者问 [2010-03-09]
发行上市须知	› 什么是连锁经营？[2009-12-11]
上市公司持续责任	› 连锁经营企业境内外上市的基本情况如何？[2009-12-11]
发行上市相关法律法规	› 连锁经营企业上市审核要关注的重点和难点是什么？[2009-12-11]
问题解答	› 连锁经营行业经营模式有什么特点？[2009-12-11]
发行上市概要	› 如何规范连锁经营企业的运作？[2009-12-11]
股份有限公司设立	› 中国大陆互联网企业境内外上市基本情况如何？[2009-12-11]
公司治理与规范运作	› 我国互联网行业主要有哪些产业政策？[2009-12-11]
保荐制度与募集资金使用	› 互联网企业境内上市发行审核要关注的重点和难点是什么？[2009-12-11]
申请文件制作与申报	› 如何判断互联网公司的价值？[2009-12-11]
发行审核程序	› 网游企业如何确认收入？[2009-12-11]
发行与上市	› 境内发行上市案例——网盛科技 [2009-12-11]
中小企业板	› 我国软件企业在A股市场上市的基本情况如何？目前我国软件公司的整体表现如何？[2009-12-11]
创业板	› 软件企业发行审核要关注的重点和难点是什么？[2009-12-11]
	› 如何判断软件企业的价值？[2009-12-11]

快速打动投资人：优质商业计划书精彩集锦（第2版）

第 8 章

医药及其他行业
商业计划书

商业计划书中市场分析、行业分析、风险因素分析、融资需求、管理团队、产品或服务及财务分析等内容书写完成后，还需要书写商业计划书的摘要、附录和结论，让商业计划书结构完整。不同的商业计划书，这些内容的侧重点是不同的。本章将以医药、生物技术、电子行业等多个行业的商业计划书为例，对比介绍摘要、附录和结论内容的具体写法和注意事项。

案例：
××生物技术公司商业计划书

在商业计划书主体内容的末尾，通常会使用一段话来对商业计划书进行总结，有时还会在此处表示对投资人即将加入表示期待，那么商业计划书的结束语应该怎么书写呢？下面来看看××生物技术有限公司商业计划书中结论的内容。

范例节选

第十章 结论

通过科学论证和分析，我们得出结论，上海××生物技术有限公司有良好的发展前景和投资价值。这主要表现在以下几个方面：

生物技术行业是 21 世纪的热门行业，生命科学是全世界的发展重点。生物技术引入医药行业，使得生物医药行业成为最活跃、进步最快的行业之一。全球生物技术药品市场 2000 年市场总销售额超过 260 亿美元，中国生物技术药物年均增长率至少在 25% 以上。到 2005 年，我国生物制药业的市场销售收入将达到 150 亿元，毛利将达到 48 亿元。上海××生物技术有限公司选择这个时机进入这一市场可谓恰逢其时。

上海××生物技术有限公司具有先进的经营管理理念，制定了合理的战略发展规划。公司人才阵容强大，聚集了生物技术行业的世界顶尖人才和生产、财务、销售、管理等方面的专家，建立有广泛的客户关系完善的销售网络，具备强大的自主研发能力。

公司拟投产的单克隆抗体和多克隆抗体目前在生物学研究、临床诊断和治疗等领域中已被广泛运用，具有非常广阔的市场前景。公司掌握了世界最先进的抗体制备技术，可生产出高质量的单克隆抗体和多克隆抗体，其生产成本比市场同类产品平均低 30% 以上，具有强大的竞争优势。

公司总经理曾任××铁路局药械公司总经理，有较强的领导和经营管理能力，在药械管理方面积累了丰富的经验，有较强的应对风险和驾驭市场的能力。公司建立有完善的风险控制体系，能有效地降低行业风险、经营风险和市场风险。

公司财务报表显示公司的投资回收期短，投资回报率高，极具投资价值和升值潜力。

点评分析

商业计划书结论部分的内容是对整个商业计划书发展战略、公司基本情况等内容的提炼，从范例节选的内容可以看出该结束语总结了公司具有良好发展前景和投资价值的具体表现，篇幅稍长。

我们在写这部分内容时也要力求精练，让投资人在阅读完商业计划书的主体内容后，能够通过结束语让投资人再次加深对商业计划书的印象。部分投资人在阅读商业计划书时常常是先看结论，再阅读其他部分，因此不能因为结论放在商业计划书的最后就掉以轻心。

商业计划书的结束语通常包括公司基本介绍、团队介绍、产品介绍、市场竞争状况、营销策略等内容。这部分内容并没有固定的内容要求，在书写时只要做到内容简洁、阐述清晰即可，并让投资人明确该项目或者公司具有投资价值和潜力，且投资人投资以后会获利不少。某些商业计划书中的结束语是可以借鉴利用的，下面就来看看这些结束语，可为我们在书写这部分内容时提供参考。

结论 1：

本项计划无论在投资金额、研发风险、目标市场、回收速度方面均可说是不可多得的好项目，我们期待您的加入。

结论 2：

综上所述，无论投资者选择继续经营还是退出，随着公司运作进一步规范化、市场化，公司价值、信誉、声誉迅速上升，公司创业者和风险投资家收益都可以得到实现，形成双赢的局面。

结论3：

总之，项目的实施将会带来巨大的经济效益与社会效益，必将有着更为广阔的市场前景。我们欢迎有战略眼光的投资者能够投资，相信投资这一项目，将是一个很好的选择。

通常情况下，在结束语右下角还要写明是哪个团队或公司撰写的商业计划书，以及撰写时间，具体格式如下。

×××××有限公司（创业团队）

××年×月×日

案例：
××医疗信息科技公司商业计划书

执行摘要通常位于商业计划书主体内容的前面，它相当于商业计划书正文内容的开头。要让投资人对商业计划书感兴趣，从而继续阅读下面的内容，执行摘要起着非常重要作用。下面来看看某医疗信息科技公司商业计划书中关于执行摘要的内容。

范例节选

第一章 摘要

上世纪90年代以来，医院管理信息化得到迅速发展，也极大地提高了医疗管理的效率与质量。据了解，目前国内三甲医院绝大多数都组建有内部局域网，安装了医院管理信息系统（以下简称 HIS），实现了住院管理、药品管理、财务管理等的信息化。

新医改方案发布后，医疗信息化市场争先恐后的竞争势头更加明显。所以，政策出台、标准发布、资金到位，2009 年更像是医疗信息化市场大规模爆发前的预热阶段，不过真正的大规模爆发将会在 2010 年来临，国内外厂商在医疗信息化市场的角逐将进入实质性阶段。

百亿信息化市场成 IT 金矿

新医改方案中提出，3 年内各级政府预计投入 8 500 亿元用于医疗改革。根据 IDC（互联网数据中心）咨询分析预测，2010 年我国医疗整体 IT 硬件、软件与服务市场投资规模将达到 120 亿元。2007～2011 年，我国医疗行业信息化投资规模的年复合增长率有望达到 17%，新医改方案的发布更是推高了 IDC 的预测。在新医改方案发布后不久举办的××亿元信息网络大会上，卫生部统计信息中心主任××表示，新医改 8 500 亿元的投资中，信息化建设投资的比例"肯定不止 100 亿"。

原本就蕴含着巨大商机的医疗信息化市场，因为新医改方案的发布实施，迅速沸腾起来。无论是世界级企业还是本土级企业，无论是实战经验颇丰还是初涉该领域的企业，都看到了这块诱人的蛋糕。

信息化市场四大商机

嗅觉灵敏的国内外企业早就嗅到了医疗信息化的商机，IBM、西门子、思科、GE、微软等众多跨国企业已提前在中国医疗市场布局抢位。再次解读新医改方案，挖掘其中的关键词，我们预测 2010 年医疗信息化市场存在四大商机。

商机一：远程医疗

新医改方案中提出要积极发展面向农村及边远地区的远程医疗。随着互联网的普及和 3G 时代的来临，远程医疗已经成为各级医疗单位的强烈需求。远程医疗包括远程诊断、专家会诊、信息服务、在线检查和远程交流几大内容，主要涉及视频通讯、会诊软件、可视电话三大模块。据悉，今年有关远程医疗会诊的国家卫生信息网的首期工程建设计划投资超过两个亿，加上新医改的支持，远程医疗前景被看好。

商机二：农村和社区医疗机构信息化建设

兴建乡镇医院和社区卫生服务站是新医改的重点。利用信息技术使农村居民可以享受更快捷便利的医疗服务，利用信息技术实现社区与三甲医院之间的区域医疗资源共享。新建成的医疗服务机构在信息化建设上必然是零起点，其市场规模不可小觑。实施中的《农村卫生服务体系建设与发展规划》提出，到 2010 年，我国要以乡镇卫生院建设为重点，健全县、乡、村三级卫生服务网络，为提高农村的健康水平提供保障条件，规划总投资超过 200 亿元。

商机三：电子病历和居民健康档案

电子病历和居民健康档案是医疗信息化的基础信息来源，也是此次新医改的重要内容之一。电子病历室已执行的病人医疗过程、相关医疗责任的重要记录，是将要执行的医疗操作的重要依据，也是医疗信息化建设的一个重要组成部分，其在可靠性、稳定性、安全性等性能上比其他行业要求更高。因此，使用电子病历系统必须建立一套高度可靠的安全机制，在身份认证、分布式权限分配机制、数据库安全性、文档安全性、域安全性和系统加密锁等进行多层次的安全设计，确保医院信息系统（HIS）的安全运行。而进一步提高电子病历、健康档案的安全性、可靠性、严肃性也就成了相关 IT 厂商挖掘商机的重要手段。

商机四：区域医疗机构资源共享

新医改方案中提出，通过信息化手段建立医院间的资源共享，从而实现医疗服务资源的最优化整合和最大协同效应。因此，建立一套以病人为中心的数字化管理信息系统，实现各业务信息系统的集成是医疗机构的当务之急。因此，IT 厂商应当考虑如何帮助医疗机构解决新老系统之间的集成问题，帮助各种异构平台不同应用之间的复杂集成共享问题。

我们团队的技术人员全部来自××联众信息技术有限公司和××科技有限公司，拥有成熟和完善的社区医疗产品线、区域医疗产品线、移动医疗的软件和硬件终端。在市场上经过了实际使用，获得了客户一致的认可。我们团队拥有××联众信息技术有限公司 50%的核心销售团队、50%的技术开发团队，拥有××科技有限公司 100%的硬件技术团队，是个软硬件一体的纵向发展的高科技企业。

宗旨及商业模式

本项目的宗旨是：永远提供性价比最优的产品及服务给我们的客户。一般情况下，医院信息化项目都是项目型销售，供应商提供项目需要的硬件终端产品，定制医疗应用软件，并负责和医院 HIS 系统或者电子病历系统做接口，获取数据，来完成医院应用需求。

赢利模式一：服务型销售产品。目前医疗信息化行业供应商对软件产品一般采取定制型项目销售的模式，这种模式的缺点是医院一次性投资大、风险高、定制成分大、产品成熟度低等，而且项目周期长、客户服务不及时、服务质量不好。我们根据自己的技术特长一开始就采取产品化开发策略，注重解决医院的流程应用，把符合规范的绝大多数医院都认可的工作流程做成应用，进行软硬件整合，提供给医院完整的方案。我们把项目型销售改为服务型销售，即我们提供除了网络外，所有的软件和硬件产品，我们将和医院签署 3 年服务合同。第一年免费服务，我们只收取硬件的销售成本；第二年收取第一年总报价的 60% 作为服务费用；第三年收取第二年的总报价的 60% 作为服务费用。举例说明：比如一家医院的移动医疗系统（无线网络不算）成交价 100 万元，那么第二年他们只需支付 60 万元，第三年支付 36 万元。

这种模式极大的降低了医院投资的风险，降低了医疗信息化项目的门槛，同时也保证了客户服务质量。我们采取这种做法是因为我们是 PDA 及平板电脑生产厂家，我们具有成本优势和技术优势。

赢利模式二：采取类似苹果 Iphone 的软件商店的销售模式。

医院管理复杂，信息化管理内容庞大，没有一家公司有能力完全把它做好。为了扩大销售范围，尽最大可能满足客户需求，整合众多的开发医疗软件的公司和我们合作。我们将通过我们独特的销售方式以及开放式的平台，整合整个医疗领域的适用医疗信息化产品以及临床信息化产品，客户可以通过我们的网站任意选择中意的软件，我们负责实施和服务。我们则和软件提供方进行利润分成。这样做有 3 个好处：第一，使得我们最终成为医疗行业提供最完整和最终解决方案的公司；第二，我们可以获得额外的利润；第三可以有效地降低信息化产品的价格，并提升信息化产品的服务质量，使得广大的中小医院可以在付出较少代价的情况下也能获得和大医院一样或类似的信息化产品，提高他们的管理水平和工作效率。

我们的产品和服务

××公司是一家富有核心竞争力的技术型企业，我们的产品清单如下。

区域医疗产品线：（1）数据共享、交换中心平台，（2）医疗一卡通，（3）健康记录共享，（4）双向转诊，（5）辅助决策分析系统，（6）居民健康信息查询系统（包括检验、检查、体检数据的网上查询），（7）职能导医系统（设计开发中）。

公共卫生产品线：（8）社区卫生信息管理系统，（9）社区体检信息系统，（10）妇幼保健信息管理系统，（11）精神卫生信息管理系统，（12）出生证管理信息系统，（13）婚检管理信息系统，（14）血液中心血液采供平台（设计开发中）。

移动医疗产品线：（15）PDA 健康档案随访管理，（16）移动门诊输液管理系统，（17）移动供应室管理系统，（18）移动静脉药物配置管理系统，（19）移动资产管理系统，（20）移动营养膳食管理系统，（21）婴儿防盗管理系统，（22）病区护士工作站，（23）病区医生工作站，（24）病区标本交接系统，（25）感控系统。

移动医疗硬件终端：（26）1D/2D 专用 PDA（防尘、防水、防摔），（27）1D/2D 专用医用平板电脑（同上，可扩展，RFID）

市场前景

我国有医院 6 万多家，县级以上医院 1.7 万余所，三级医院 6 500 多家，医护工作人员超过 300 万人，2005 年底中国医疗产业的总体市场价值预计 6 400 亿元。按照《全国卫生信息化发展规划纲要（2003~2010 年）》规定的 1%~3%信息化投入比例的话，摆在我们眼前的就是一个每年 60 亿~180 亿元的大市场。据××资讯调查，在未来几年的发展中，中国医卫行业信息化建设将保持在 24%以上的高速发展。因此，可以说医疗行业的信息化，为 IT 行业带来了巨大的市场前景。

该项目研制的专用医护工作站系列产品以全国 6 500 多家三级医院为目标市场，按一家医院的移动医护工作站需要量为 200 台计算，共需近 130 万台，总共约有 50 亿元的市场需求。在 3 年内，预计将有超过 10%的三级医院，即 650 家以上医院，会采用无线移动医护工作站系统。并且，此后会以每年超过 20%的速度增长。

管理

我们公司销售团队、技术研发团队（软件、硬件）的领军人物都是资深的业内人士，他们有着成功的职业经历，并都持有本公司股份。在销售和研发的管理上可以确保公司实现既定目标。

资金需求

项目的投资估计为 2 500 万元，主要用在软硬件研发、销售和市场推广费用、人员工资及公司其他营运成本等。我们希望融资 1 500 万人民币，这些资金将使我们在 3 年内保持高速发展，并实现年销售收入从 1 000 万元跃升到 7 000 万元的目标。我们愿意出让公司 50%的股份给投资者。

点评分析

摘要通俗的来讲就是内容提要，它起着让投资人快速了解计划书主要内容的作用。摘要的内容都来源于正文中，因此在书写商业计划书时，我们常常把摘要放在主体内容书写完成后，再进行书写，这样可以让摘要撰写起来更轻松、全面，结构更完善。

在本例中，摘要包含的内容有市场背景、市场商机、宗旨和商业模式、产品和服务、市场前景以及管理，针对这一个部分进行了概括性描述。通过范例节选的内容可以发现，市场商机与商业模式的内容相对较多，这也是正文内容的浓缩。通常来说，我们在书写摘要内容时要做到简短陈述。商业计划书中的摘要主要包括以下内容。

- **公司基本情况**：公司基本情况的简要介绍，包括名称、组织结构、成立时间、注册地区，通过公司基本情况的介绍让投资人一开始就知道你是谁。

- **团队介绍**：对主要团队成员进行大概介绍，说明成员的姓名、从业经验、学历等，通过团队介绍的内容让投资人对团队核心成员有大致了解。

- **产品与服务描述**：简单说明产品与服务是什么，有什么特点及竞争优势是什么，通过产品与服务的描述让投资人在摘要部分就知道产品与服务是什么，解决了用户的什么需求。

- **行业与市场分析**：简述公司或项目属于哪个行业，这个行业前景、市场规模怎样，通过行业与市场分析的简述要让投资人清楚公司或项目在行业中处于的重要地位。

- **市场营销**：不必说明所有拟采取的市场营销策略，只需说明可操作的、最主要的营销策略，通过市场营销内容的简要描述要让投资人明确所执行的市场营销策略是有效的，且营销网络是完善的。

- **公司管理**：对结构设置、人事计划、管理人员素质、薪酬制度等进行简单说明，通过公司管理内容的简述要让投资人知道公司有能力管理好团队或项目。

- **融资说明**：对资金需求量、用途，拟出让的股份等进行简要说明，通过对融资说明的简述要让投资人清楚本轮融资的计划。

- **投资退出**：简单说明投资人的退出方式有哪些，投资人能在何时收回投资，通过投资退出内容的简述要让投资人清楚未来他可能会以何种方式退出。

- **财务预测**：不必罗列出所有相关报表，只需使用主要财务数据来说明财务预测的结果，通过采取预测的内容要让投资人知道未来项目有盈利能力且投资回报不错。

- **风险控制**：对主要风险及风险应对措施进行简单阐述，通过风险控制内容的简述要让投资人知道公司或团队有应对风险的能力。

摘要中不一定要包含上述的所有内容，有些内容可以省略，具体要包含哪些内容取决于对公司或项目而言，哪些内容更加重要，哪些内容比较次要。

案例：
××微细粉项目中心商业计划书

　　附录位于商业计划书的末尾，它是对正文内容的补充说明。某些内容或者材料如果放在正文中会占据较大篇幅，不便于放在正文中，此时该内容或材料就会放在附录中，下面来看看××细微粉项目中心商业计划书中关于附录的部分内容。

范例节选

　　附录

　　附录一：

××建筑科学技术研究院概况

　　××建筑科学技术研究院位于××市丰台区南苑新华路一号，1975 年成立，原称中国建筑×××建筑科学研究所，1994 年改称为××建筑科学技术研究院，并在××市丰台区工商局注册为企业法人，是一个综合性、前瞻性的建筑技术开发与应用推广的科技型企业。现任院长为杨××。现有员工 165 名，其中，高级技术人员 88 名，享受政府特殊津贴的专家 2 名，下设研究中心、信息中心、检测中心、特种工程公司、高新建材公司、建筑新技术公司及中试生产基地等。

　　经过多年的研究与开拓，××建筑科学技术研究院已形成了具有自己特色的研究领域，具备了大型结构体系成套技术、高新建筑材料、现代化施工设备及成套技术、施工及检测技术、建筑节能及计算机软件等多方面的研究开发能力。20 多年来先后获各种奖 200 余项次，其中国家级科技成果奖与发明奖 7 项，省部级奖 70 余项次，独家产品和技术 16 项，有市场需求的 36 项。产品与技术涉及建筑、机电、石油、化工、信息等多个行业，遍布 20 多个省市，在国内建筑科技领域具有较高的知名度和影响，并先后同英、美、法、德、加拿大等一些国家的多个企业建立了稳固长远的科技合作或技术交流关系。

1994 年申请为企业法人后，××建筑科学技术研究院强化了科技创新和新产品的开发力量，加强了科研成果的转化及市场开拓的力度，先后成立了研究中心、信息中心、检测中心、特种工程公司、高新建材公司和新技术公司，并建成了具有相当规模的中试生产基地。近年来，××建筑科学技术研究院科研开发与市场经营取得了丰硕的成果。

主要技术与产品有：整体预应力板建筑成套技术、盒子结构多层住宅建筑体系、预应力施工技术、松卡大顶滑模施工成套技术、大型储罐液压提升工艺及设备、钢筋焊接技术与设备、石膏板应用配套产品及技术、混土外加剂及表面处理材料、建筑胶粘剂和密封材料、防水材料、地面耐磨材料、建筑节能检测技术。

在市场经济飞速发展的今天，××建筑科学技术研究院秉承"科技是第一生产力"的信念，加速科技成果转化，努力发展高新技术产业，决心为实施"科教兴国"的发展战略做出更大的贡献。

附录二：

××磷酸盐厂基本概况

××磷酸盐厂是一个老的磷化工生产企业，生产、开发物质条件均较好，全厂占地近 400 亩，目前已开发使用近一半，还有一半土地待开发利用，两条 35KV 输电线路已到厂区，供电可靠，现有供水系统能力为 $600m^3/h$，富余量大，完全可满足该项目水、电供应。

××磷酸盐厂隶属于××实业总公司，是一个具有独立法人的中型磷化工企业，已经办理国有土地使用证，厂址在××市乌当区洛弯，属××规划化工小区。

附录三：

××微细粉技术的鉴定书

鉴定意见

1. 提供的鉴定资料齐全、数据可靠，符合鉴定要求。

2. 本项目在××微细粉体分散效应和表面作用及与砼流变性能相关性研究的基础上，对××微细粉在混凝土工程中的应用进行了深入细致的研究试验和实际应用，并制定了产品标准和应用技术规程，对今后粉体在砼中的应用有很重要的指导意义。

3. 根据××微细粉表面活性原理，经反复试验研究探索出粉体生产磨细工艺及在磨细过程中加入特殊的添加剂，技术先进可靠。

4. 本项目利用工业电炉磷渣，生产出应用价值很高的××微细粉，为我国积存多年的磷渣再利用开辟了一条新的途径，具有很好的环保效益和经济效益，符合国家可持续发展的战略。

5. 通过对某微细粉的材性与生产工艺研究，完成了中试生产和工程应用试点工作，具有良好的推广应用前景，在磷渣微细粉的研究与应用方面达到国际先进水平。

6. 建议

进一步开展某微细粉的应用研究，扩大应用领域；加快推进××微细粉的产业化进程，使其尽快服务于我国建筑行业。

鉴定委员会主任：谢×× 　　副主任：韩××，苏××

点评分析

这里我们提供了该商业计划书中 3 个附录的内容，可以看出包括的内容有××建筑科学技术研究院的介绍、××磷酸盐厂的介绍及××微细粉技术的鉴定书。总结起来就是对公司介绍、产品生产制造及产品品质的补充说明。

附录的表现形式多样化，可以是文字，也可以是表格或图片。在内容上，附录没有要求一定要包括哪些内容或者不包括哪些内容，具体放哪些内容完全要根据不同项目或公司的具体情况来确定。通常情况下，附录可以包括以下内容。

（1）团队成员个人简历

如果团队中某些核心成员在整个公司或者项目经营中起着重要作用，

或者说具有不可替代的优势，那么就可以将该成员的个人简历放在附录中进行展示。

个人简历没有固定的格式，使用表格或行文的样式都可以，一份好的个人简历更容易吸引投资人的注意，那么要怎样才能写好个人简历呢？具体要做到以下几点。

- **简洁**：个人简历的整体效果应该给人简洁、美观的感觉，内容上排版不可过于复杂。

- **不要太长**：个人简历的长度保持在 1～2 页即可，太长的简历投资人不会花时间去阅读。

- **多用动词**：如果该核心成员从事的是财务方面的工作那么可以使用预测、分析等词汇；如果从事的是技术方面的工作，那么可以使用开发、发明等词汇。

- **集中于专长**：对核心成员最突出的专长的一两个方面进行重点描述。

- **内容安排有条理**：在描述个人经历时要有条理，可以按照"时间顺序"或"逻辑顺序"这两种排序方式来进行表达。

- **使用数字**：在描述个人经历时恰当地使用数字，可以使经历看起来更加具体。

（2）市场调查报告

在商业计划书中撰写市场和行业分析内容时，常常会通过市场调查来取得相关数据，如果调查研究的结果对公司或者项目来说是有利的，那么可以将这一调查结论以书面报告的形式展示在附录中。

如果政府的产业扶持政策或者相关发展计划有利于公司或者项目的发

展，那么也可以将政府的相关政策和发展计划放入附录中。

（3）相关法律文书和合同

对某些特殊行业来说，比如食品、医药等，他们有相关的准入条件的要求，如果没有达到准入条件，那么将不能进入该行业，而准入条件的内容通常较多，因此这部分内容常常放在附录中进行展示，在附录中只需列出相关条例并说明公司已经满足准入条件即可。

附录中展示的合同主要包括与客户签订的大型合同和即将与投资人签订的合同，展示与客户签订的大型合同可以表明未来公司将会有一笔较大的收入，进一步说明产品或服务具有市场。与投资人签订的合同主要是投资入股意向书，常见的投资入股意向书格式如下。

投资入股意向书

投资者：_____已仔细阅读了××有限公司（以下简称"公司"）商业计划书、招股说明书等材料，了解公司的基本情况和主要经营风险，认同公司的经营理念、商业模式和商业计划。经慎重考虑，同意以招股说明书所要求的方式参股公司_____股普通股权。

投资者资料：_____

投资者名称：_____

注册日期（个人为生日）：_____

注册地（个人为国籍）：_____

注册号码（个人为身份证或社会保险号码）：_____

合伙人（个人为配偶）名称：_____

注册日期（个人为生日）：_____

注册地 （个人为国籍）：_____

注册号码（个人为身份证或社会保险号码）：_____

如果投资者是公司、合伙人、信托公司或其他实体，请填写前五大股东名

称：＿＿＿＿＿＿＿＿＿＿＿＿＿＿＿＿＿＿＿＿＿＿

投资者地址：＿＿＿＿国家：＿＿＿＿省：＿＿＿＿市：＿＿＿＿

电话号码：＿＿＿＿邮编：＿＿＿＿传真号码：＿＿＿＿

投资者（或代表人）：

（签名）

（盖章）

＿＿＿＿年＿＿月＿＿日

（4）产品图片

如果公司产品较多且产品是可展示的，这时就可在附录中放上产品的成品图或样品图，通过图片展示可以让投资人直观地看到产品到底是什么。展示产品图片时同样要配上文字说明。如果附录中需要展示的产品图片有几张或者十几张，此时可以使用表格来更加直观地展示，参考范例内容如下。

附录二：

公司产品图片展示及说明

产品名称	成品图	产品介绍
美式风情		光源个数：8 个吊灯类型 智能类型：其他智能 灯罩辅材质：玻璃 灯罩主材质：玻璃
水晶吊灯		灯罩辅材质：水晶 吸顶灯类型：水晶吸顶灯 灯身辅材质：ABS+五金底盘 工艺：电动冲孔

续表

产品名称	成品图	产品介绍
欧式简约		吸顶灯类型：铁艺吸顶灯 灯身辅材质：铁 光源类型：LED 智能类型：其他 工艺：喷漆磨砂

（5）技术资料和专利证书图片

某些产品或服务会使用行业领先的新技术或者新工艺，为了让投资者进一步了解到这一技术或工艺，可以将相关技术资料展示在附录中，这些技术资料可以是生产工艺流程图、图纸、制作方法等。

由于专利证书通常是以图片形式展示，放在正文中不太恰当，因此常常将其展示在附录中。

另外，如果公司取得了某资质或荣誉证书也可以将其以图片形式展示在附录中。要注意在附录中展示荣誉证书或专利证书等图片时，最好采用图文搭配的形式，让投资人清楚这些图片是什么，可以按照以下的方式来表示。

附录一：

我公司产品及其技术取得了相关法律认证和荣誉资质，以下是相关证书。

（6）财务附表

当商业计划书中需要展示的财务报表比较多时，常常会把财务报表放在附录中，比如财务计划表、财务历史报表、资金来源和运用表、费用估算表、不同年份资产负债表及损益表等。在附录中展示财务报表时，要在相关报表的表头说明所展示的是什么报表。

如果附录的内容较多，那么通常会把附录与商业计划书分开装订，为了分开装订也能体现附录内容，可以使用以下的方式来展示。

附件目录（以下附件装订在附录文件中）

附件1 "发明专利申请公布及进入实质审查程序通知书" ……1

附件2 中华人民共和国肥料临时登记证…………………………3

附件3 专利申请受理通知书………………………………………4

附件4 "中小企业技术创新基金"合同 ……………………………6

附件5 公司产品商标标志证书……………………………………7

附件6 科学技术成果鉴定证书……………………………………10

附件7 高新技术企业认定证书……………………………………11

（7）生产制造信息

对大多数生产制造公司来说，产品生产过程的介绍也是比较重要的，如果在正文中详细进行介绍会占据太多篇幅，因此这部分内容常常会放在附录中。关于产品生产制造信息中的产品生产过程、关键工序、生产场所情况、产品生产质量检测等内容都可以在附录中进行展示。

案例：
××电子有限公司商业计划书

商业计划书的页数通常有 20～40 页不等，投资人在阅读商业计划书时常常不会逐一地阅读，他们大多数只阅读自己感兴趣的内容。为了让投资人可以快速地找到想要阅读的内容，我们需要在商业计划书中添加目录，下面来看看××电子有限公司商业计划书中目录的部分内容。

范例节选

精彩案例展示

目录

点评分析

目录的内容通常放在执行摘要前面，起着快速定位的作用。通过目录我们可大致了解商业计划书的整体结构以及介绍了哪些内容。比如，在本例中我们可看出该商业计划书的内容有公司描述、公司管理和产品介绍等。

Chapter 08

—— 医药及其他行业商业计划书 ——

　　商业计划书中的目录不需要我们挨个去找到章节标题，再填写具体页数，在 Word 文档中只需通过插入的方法即可快速地插入目录。下面我们就以 Word 2003 为例看看如何快速插入目录。

Step01 打开商业计划书，在执行摘要前方插入一空白页，将文本插入点定位于首行，输入"目录"并设置文字格式和对齐方式。

Step02 ①将文本插入点定位于第二行，②单击"插入"菜单项，③选择"引用/索引和目录"命令。

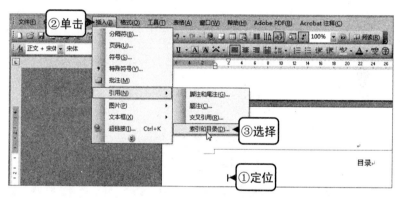

Step03 ①在打开的"索引和目录"对话框中单击"目录"选项卡，②单击"确定"按钮。

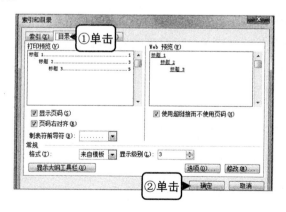

Step04 此时，即可看到目录插入成功。

在 Word 文档中书写商业计划书时最好使用 Word 2003 版本进行书写，这是因为商业计划书有时会以电子档的形式发送给投资人。如果使用 Word 2010 或 Word 2013 版本来书写，而投资人的电脑没有安装相应的高级版本，只有 Word 2003 版本，就会使得投资人无法查看商业计划书内容，为避免这种情形的发生，使用 Word 2003 版本进行书写是最好的。

案例：
××电子股份公司商业计划书

为防止商业计划书中的商业机密泄露，在许多商业计划书的执行摘要的前面通常会附上保密承诺，下面我们先来看看××电子股份公司商业计划书中保密承诺的内容。

范例节选

保密承诺

本商业计划书属商业机密，所有权属于××电子股份公司。其所涉及的内容和资料只限于已签署投资意向的投资者使用。收到本计划书后，收件人应即刻确认，并遵守以下的规定：

1. 若收件人不希望涉足本计划书所述项目，请按上述地址尽快将本计划书完整退回。

2. 在没有取得××电子股份公司的书面同意前，收件人不得将本计划书全部或部分地予以复制、传递给他人、影印、泄露或散布给他人。

3. 应该像对待贵公司的机密资料一样的态度对待本计划书所提供的所有机密资料。本商业计划书不可用作销售报价使用，也不可用作购买时的报价使用。

商业计划编号：001

授方：××电子股份有限公司　　　　　　受方：

签字：　　　　　　　　　　　　　　　　签字：

点评分析

商业计划书中涉及的内容包括公司进一步的发展计划及创业想法等，这些内容一旦泄露会给公司带来不可估量的损失，因此在将商业计划书递交给投资人前最好签署一份保密承诺。

如果保密承诺比较简短，通常会放在目录前面进行展示，这样就可在将商业计划书交给投资人时就让投资人签署保密承诺。本例中的保密承诺属于简约版保密协议，可以看出该保密承诺主要约定了 3 点。投资人在签署了该保密承诺后，一旦违反了这 3 点中的其中一点，那么公司或创业团队就可以通过法律手段来保护自己。

保密承诺的格式也不是一成不变的，除了可以使用本例中的格式外，还可以使用更简单的格式，下面来看看另一保密承诺的内容，以供我们参考借鉴。

保密承诺

本商业计划书内容涉及双方公司商业秘密，仅对有合作意向的双方公司有关人员公开。本公司要求双方公司有关人员收到本商业计划书时做出以下承诺：

妥善保管本商业计划书，未经双方公司同意，不得向第三方公开本商业计划书涉及的双方公司的商业秘密。

签字：

接收日期：_____年_____月_____日

相比范例节选中的内容，上述保密承诺的内容要简单得多，只是简单约定了未经双方公司同意，不得向第三方公开本商业计划书涉及的双方公司的商业秘密。

保密协议不一定要放在商业计划书中，如果协议约定的内容比较详细，且需要提前签署，那么可以将保密协议制作的更加规范，单独打印出来让投资人在未看商业计划书前就签署。下面来看看详细版的保密协议范本，帮助我们在制定时提供参考。

保密协议

甲方：_____

乙方：_____

一、保密事项

甲乙双方同意对本协议保密内容进行如下限制性规定：

双方同意在甲方有效证据证明的情况下本保密协议所保密之内容不包括：在乙方向甲方提供时或此前已为公众所掌握或知悉的信息及材料；在乙方向甲方提供之后非因甲方或甲方所邀请及聘请之工作人员故意或过失引致为公众所知悉的信息及材料；在乙方将计划书提供给甲方之前甲方已掌握或知悉的信息及材料；甲方通过与乙方并无保密责任之第三者处获得的与乙方计划书内容相同或相似的信息及材料，但此信息或材料系第三人通过非法手段获得而且甲方明知该信息或材料系第三人通过非法手段获得的除外。

本商业计划书属商业秘密，所有权属于××公司（创业团队）。其所涉及的内容和资料只限于具有投资意向的投资者使用。收到本计划书后，收件人应即刻确认，并遵守以下的规定，若收件人不希望涉足本计划书所述项目，请尽快将本计划书退回。

二、双方的权利与义务

1. 乙方的保证

（1）乙方保证其向甲方提供的商业计划书乃是出自其本人之手或是受该计划书合法权利人真实有效的委托。

（2）乙方承诺对因其提供的商业计划书而引起的任何可归责于乙方的法律纠纷承担全部法律责任，但该纠纷是由甲方引起的除外，不管权利主张者是否向甲方提出或向双方共同提出。

2. 甲方的承诺

（1）甲方承诺商业计划书只用于甲乙双方同意的用途，甲方不得以任何直接或间接的方式向甲乙双方之外的任何第三人提供、泄露乙方商业计划书之全部或部分内容，但此项承诺不包括甲方为评估计划书内容可行性，有必要向甲方的投资伙伴会员提供乙方商业计划书之部分或全部内容。

（2）甲方承诺只允许其所邀请及聘请之工作人员中与处理乙方商业计划事宜有关的人员接触本协议规定的保密内容。甲方保证采取有效的保密制度，以确保本协议规定的保密内容不会泄露。

（3）甲方承诺其邀请参与评审工作的顾问成员不以任何直接或间接的方式向甲乙双方之外的任何第三人提供、泄露乙方商业计划书之全部或部分内容。如其邀请参与评审工作的顾问成员泄露本协议规定的保密内容，则甲方向乙方承担本合同项下的全部责任。

（4）甲方应对任何违反诚实信用原则的行为或以任何方式泄露保密内容的行为或任何因为甲方的故意或过失而致乙方受到损害的行为，向乙方承担责任。

三、甲方对因错误投递或其使用的投递方式具有被他人知悉其计划书内容之风险及其他投递过程中的过失行为而引起的计划书内容泄露不承担任何法律责任，除非乙方能证明该泄露行为系甲方所为或系甲方之授意。

四、协议的生效

（1）本协议于双方签字或盖章之日起生效。在本协议签字或盖章之日乙方提交商业计划摘要。

（2）本协议的效力至本协议规定的全部保密内容成为社会公众所知悉的信息后终止。

五、违约责任

若甲方或甲方所邀请及聘请之工作人员、顾问成员、投资伙伴会员及甲方的关联公司违反本协议规定，泄露了本协议规定的保密内容，并因此给乙方造成直接经济损失的，甲方应向乙方承担赔偿责任。

六、争议的解决

双方同意当因本协议引起之纠纷双方无法协商解决时，应提交仲裁委员会并按照当时有效的仲裁规则和仲裁程序进行最终裁决。

甲方（签章）：＿＿＿＿＿＿＿＿＿＿＿＿＿＿＿＿＿

日期：　　　年　　　月　　　日

乙方（签章）：＿＿＿＿＿＿＿＿＿＿＿＿＿＿＿＿＿

日期：　　　年　　　月　　　日

从上述的保密协议可以看出，该保密协议的内容更多也更规范，对双方的权利与义务及争议解决的内容都进行了说明。如果公司或创业团队认为有必要制定详细的保密协议，那么可参考上述的保密协议进行制定。由于不同公司或创业团队的保密要求是不同的，在制定时可根据具体情况制定相应的约定条件。

写作提示

通过前面的内容我们已经了解了结论、摘要、附录、保密协议、封面的写作方法，下面就看看相关的写作提示内容。

摘要的写作方式

在阐述摘要时要对正文内容有全面了解后再进行书写，以确保摘要内容与正文内容能够对应。摘要的篇幅通常为 1～2 页，在内容上针对不同的项目要做到重点突出不同。

商业计划书摘要的写作方式主要有两种，提纲式摘要和描述摘要。提纲式摘要结构上比较简单，写作起来也比较简单，只需将商业计划书正文内容的主要纲目提纲挈领式地写出来即可，相当于将正文每一章的内容进行总结，将总结的内容放在摘要中。提纲式摘要的优点在于内容全面，缺点在于语言比较生硬。

描述式摘要书写起来要困难些，这种写作方式是将最能打动投资人的内容使用生动或其他富有感情色彩的语气描述出来。过程中运用一些写作技巧来调动投资人的情绪，引起投资人的关注。

描述式摘要虽然在内容上没有提纲式摘要详尽，但是它的优点在于能够突出项目或公司的特点，更能引起投资人关注。

通常情况下，摘要大都使用提纲式写作方式来书写，当项目或公司产品难以理解时则可采用描述式进行写作。不管使用哪种写作方式来书写摘要内容都要做到简明扼要，描述内容时客观评述，不可夸大。

附录的撰写要点

附录编写得好可以丰富正文内容，但如果不够重视，没有明确的编写思路随意放置内容，会使得附录不仅仅没有发挥应有的作用，反而影响商业计划书给投资人的印象。为了使附录发挥良好的价值和作用，在撰写附录时要把握以下几点。

- **分类整理**：当附录内容较多时，为了不让附录看起来杂乱无章，可以将附录内容进行分类，将相关联的内容放在一起，比如将证书类文件放一起、将行业准入条件和政策法规的内容放在一起。

- **字数要求**：附录既然属于附属的部分，那么意味着它不能比正文重要，因此附录的内容一定不能比正文多，不然就会显得喧宾夺主。

- **内容要求**：附录中的内容一定要是与正文相关联的内容，对正文中没有讲述的内容，附录中也不要出现。另外，也不是所有的补充说明的内容都要放在附录中，只需展示那些能够使得正文更具说服力的内容。

- **避免长篇大论**：附录中的内容与正文写作要求是相同的，也应避免长篇大论，而应精短实用。

保密协议真的需要吗

我们都已经知道保密协议会对公司或创业团队的商业机密起保护作用，但有时要求投资人签署商业计划书会遭到投资人的拒绝，投资人为什么会拒绝签署保密协议呢？主要有以下几点原因。

- **出于信任**：对创业团队或者公司来说，投资人并不是他们的竞争对手，而是未来可能的合作伙伴。知名的投资人基本上都不会泄露创业团队或者公司的商业机密，他们有着自身的基本素养，而如果创业团队或者公司要求投资人签署保密协议，投资人会认为创业团队或公司并不信任他，因此他会拒绝签署保密协议。

- **法律义务**：对投资人来说，保密协议是具有法律效益的文件，在没有经过律师过目之前，他们不会轻易签署保密协议。而某些保密协议本身存在问题，等到律师阅读后再经过协商更改会浪费许多时间，因此投资人为了避免浪费太多时间和精力，会拒绝签署保密协议。

- **"想法"没有创意**：在投资人还不清楚你的项目是否足够有创意、有投资价值前，他们通常不会签署保密协议，因为他们明白有些商业计划可能并不具备投资价值，对自己不感兴趣或者没有投资意向的商业计划签署保密协议完全没有必要。

- **无法寻找他人为其评估项目**：投资人在签署保密协议后，意味着无法将商业计划书拿给其他人评估，这也是投资人不愿签署保密协议的原因之一。

了解了投资人为什么不签署保密协议的原因后，下面来看看投资人会在哪些情况下签署保密协议，具体如表 8-1 所示。

表 8-1　签署保密协议的情况

情况	具体内容
有竞争	如果项目本身拥有投资价值，并且有多名投资人都愿意投资，投资人之间存在竞争关系，此时如果要求投资人签署保密协议，大多数投资人都会愿意签署
已经愿意投资	如果投资人在对项目有了初步了解后愿意投资该项目，此时投资人要求创业团队或者公司提供关于项目更多详细的资料，为避免泄露这些资料要求投资人签署保密协议，投资人常常不会拒绝

为了避免在保密协议上与投资人产生分歧，在不了解投资人或者未与投资人洽谈前不要提及保密协议，在对投资人进行一番了解后，如果创业团队或公司足够信任该投资人可以不必签署保密协议。

在撰写商业计划书时对需要保密的资料或文件可尽量少提及，当投资人看了商业计划书以后要求了解更多内容时再要求投资人签署保密协议，这样投资人常常不会排斥。

商业计划书封面如何制作

投资人在没有翻开商业计划书时，首先看到的是商业计划书的封面。封面是商业计划书的"脸面"，作为展示在最前面的内容，封面留给投资人的印象很重要，通常情况下，商业计划书的封面有以下内容。

● 创业团队、公司或者项目的名称。

● 公司 logo 或者项目单位的盖章、签名等。

● 创业团队或者公司的联系方式、办公地址、邮件地址、指定联系人、网址、传真等。

● 产品样品图或成品图。

● 商业计划书的编撰时间。

商业计划书的封面通常以简洁为主，在制作时可以不添加背景图直接在首页按照一定的排版方式，填写内容，也可以为其添加背景图，让封面看起来更美观。最为简单的封面只需要写明创业团队或公司名称，以及日期即可，如图 8-1 所示为简单版商业计划书封面。

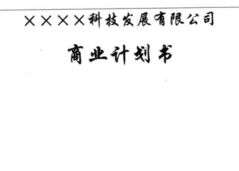

图 8-1　简单版封面

如果要为商业计划书的封面添加背景，可以在相关网站下载适合的封面，再通过插入的方式插入 Word 文档中。下面我们以千图网为例看看如何下载商业计划书封面素材。

Step01 进入千图网首页（http://www.58pic.com/），①输入"商业计划书封面"，②单击"搜索"按钮。

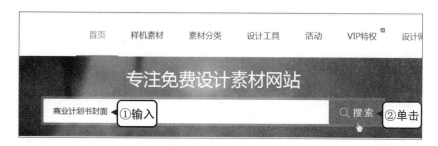

Step02 在搜索结果中找到需要下载的封面素材，单击"免费下载"按钮。

Step03 ①在打开的"提示"对话框中选择登录方式，比如单击"QQ登录"按钮。②进入"快速安全登录"页面，单击"账号密码登录"超链接。

Step04 ①在打开的页面中输入账号和密码，②单击"授权并登录"按钮。③进入下载页面选择下载方式，比如单击"福建50kb/s下载"按钮即可将素材下载到电脑中。

  在素材网站上下载的封面素材有不同的格式，比如 PSD、AI、JPG 等，在使用时需要将其转换为需要的格式。将封面素材进行编辑修改处理后，就可将其插入 Word 文档中，下面来看看如何插入。

Step01 在 Word 2003 中打开商业计划书，然后选择"插入/图片/来自文件"命令。

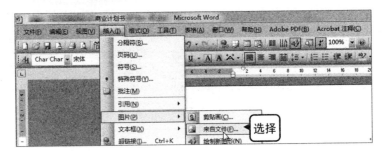

Step02 ①找到文件存储位置，选择图片后，②单击"插入"按钮即可。

制作商业计划书页眉页脚

页眉页脚位于不显眼的地方，因此它常常被我们忽略。由于新建的 Word 文档默认是未添加页眉页脚的，为了使商业计划书更加规范，我们需要为其添加页眉页脚，下面就来看看如何添加页眉页脚。

Step01 打开商业计划书Word文档，选择"视图/页眉和页脚"命令。

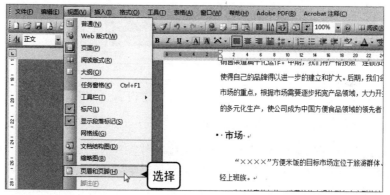

Step02 进入页眉可编辑状态，输入需要添加的文字或者公司logo等。

Step03 进入页脚可编辑状态，由于页脚通常设置为页码，因此在"插入'自动图文集'"下拉列表中选择页码格式，比如选择"第x页共y页"选项。

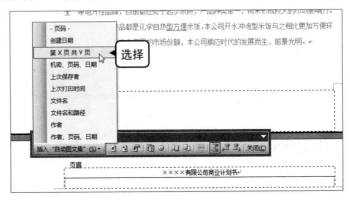

Step04 将其设置为居中对齐，再单击"关闭"按钮即可。

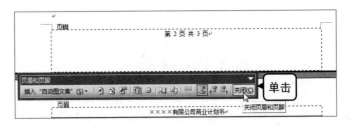

在设置页眉和页脚时要注意，封面页通常没有页眉和页脚，因此需要将封面页的页眉和页脚删除，删除方法比较简单，下面来看看。

Step01 在Word文档中将文本插入点定位在封面页的末尾，①选择"插入/分隔符"命令，②在打开的"分隔符"对话框中，选中"下一页"单选按钮，③单击"确定"按钮。

 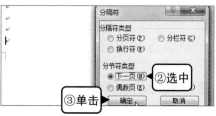

Step02 插入分页符后，①按【Delete】键删除分页符下一页多出的空行，进入封面页下一页页眉的可编辑状态，②单击"链接到前一个"按钮，使其为不被选中的状态。

Step03 ①进入封面页下一页页脚的可编辑状态，单击"链接到前一个"按钮，使其为不被选中的状态。②此时，删除封面页的页眉和页脚，再单击"关闭"按钮，可以发现封面页的页眉和页脚已不存在，但正文中的页眉和页脚还存在。

 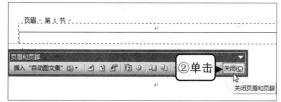

　　删除了封面页的页眉和页脚后，还要注意更改页码，由于封面页不属于正文内容，因此不需要插入页码，可将封面页设置为0页。

　　设置的方法很简单，只需进入页眉页脚的可编辑状态，①单击"设置页码格式"按钮，将文本插入点定位于正文页页脚处，②在打开的"页码格式"对话框中选中"起始页码"单选按钮，③输入1，④再单击"确定"按钮即可，如图8-2所示。

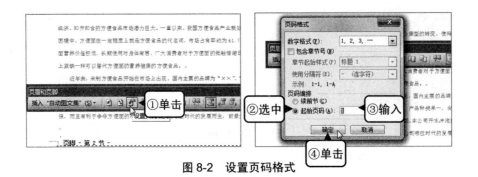

图 8-2　设置页码格式

商业计划书格式要求

为了让商业计划书看起来专业规范，都会对商业计划书的格式进行统一，商业计划书的制作人可在书写商业计划书前就对格式要求进行统一。下面来看看以下格式标准，帮助我们在书写时提供参考依据。

- **标题：** 商业计划书的标题通常有一级标题、二级标题、三级标题。一级标题可设置为黑体、小二，序号为第一章、第二章；二级标题可设置为黑体、四号，序号为一、二、；三级标题为楷体、五号，序号为1、2。

- **正文：** 正文文字内容为宋体、五号，英文和数字使用 Times New Roman 字体。

- **段落：** 段落格式为固定值22磅，段前距离为0.4行，段后距离为0.3行。

- **目录：** 目录中"目录"两个字字体为宋体、三号、加粗，目录二级和三级标题为宋体、小四，一级标题为宋体、小四、加粗。

- **表格：** 表格表头字体为黑体、小五，英文和数字使用 Arial 字体，表内容字体为宋体、小五，英文和数字为 Times New Roman 字体。

- **图片：** 图片统一为居中对齐。

- **页眉和页脚**：页脚页码区分奇偶页，页码数字为居中对齐，页眉文字字体为宋体、小五。

商业计划书的检测

商业计划书完成以后，或多或少会存在错误，因此还需要从头到尾进行检查，检查时可以从以下几个方面入手。

- 检查商业计划书中的文字描述是否有错误、文字格式是否统一、页眉页脚是否设置正确等。

- 检查内容的排列是否合理，符合逻辑。

- 检查商业计划书是否体现了公司或团队的管理能力。

- 检查是否有目录索引，以便投资人可以更加便捷地查阅各章节内容。

- 检查市场分析、行业分析的内容是否能够表明产品有足够的市场需求。

- 检查摘要内容是否已经书写，并且摘要是否放在了正文的前面。

- 检查是否已对某些专业术语进行了解释，以方便投资人理解。

- 检查是否已说明产品与服务是什么。

商业计划书的检查是有必要的，它能让我们发现其中存在的问题并及时进行调整，增加获得投资的可能性。

在对商业计划书进行检查以后，就可对商业计划书进行打印装订了。通常情况下商业计划书都使用 A4 纸进行打印，装订位置为页面左侧，使用胶水装订，如果附录内容未放在正文中，则需要单独进行装订。对打印出来的商业计划书还需要查看是否有印刷模糊不清的情况出现。

如何寻找投资人

对许多初创团队或公司来说，他们没有寻找投资人的经验，也不清楚应该去哪里找到投资人。最简单的一种寻找投资人的方法是朋友推荐，通过身边的朋友将项目推荐给投资人，这种方式能使项目获得更大的投资的可能性。

通过许多投融资平台也可以找到许多投资机构和专业的投资人，比如投融界、36氪、天使汇、创业邦等。

微信、微博、知乎等社交平台也可以成为寻找投资人的平台，许多投资人都拥有这类平台的账号，通过社交平台找到投资人后，再发送私信给投资人从而与投资人取得联系。另外，参加创投活动或者路演也可以找到投资人。

许多投资机构都拥有自己的网站，如果寻找的投资人是机构那么可以进入该机构的官方网站，找到其邮箱地址，通过发送邮件的方式与其取得联系，常见的机构及其网站和邮件地址如表8-2所示。

表8-2　常见投资机构

投资机构名称	网址	邮件地址
紫牛创业营	http://www.znstartups.com/	ziniu@cmcm.com
峰瑞资本	https://www.freesvc.com/	bp@freesvc.com
IDG 资本	http://www.idgvc.com/	bp@idgcapital.com
软银中国资本	http://www.sbcvc.com/	contact@sbcvc.com
曲速资本	http://www.warpspeedcap.com/	bp@warpvc.com
创新工场	http://www.chuangxin.com/	Bp-beijing@chuangxin.com（华北）

续表

投资机构名称	网址	邮件地址
DCM	https://www.dcm.com/cn	businessplan@dcm.com
今日资本	http://www.capitaltoday.com/	info@capitaltoday.com

  不同的风险投资机构投资偏好是不同的，某些投资机构专注于投资软件、网络设施、电信通讯等产业，而另一些投资机构可能专注于投资环保、医药化工、新能源等产业，因此选择投资机构发送邮件时也要考虑到投资机构的投资方向。

  寻找投资人除了可以主动出击外，还可以守株待兔，让投资人主动来找你。投资人会在许多互联网媒体网站上寻找好的项目，如果能让自己的项目展现在相关媒体网站上，只要该项目能够吸引投资人的关注，此时投资人就会主动联系。下面列举几个媒体网站，创业者可以选择适合自己的网站投稿或者寻求项目报道。

- 36 氪：http://36kr.com/
- 猎云网：http://www.lieyunwang.com/
- 创业邦：http://www.cyzone.cn/
- 新芽 NewSeed：http://newseed.cn/
- 创见：http://tech2ipo.com/
- 多知网：http://www.duozhi.com/
- 虎嗅网：http://www.huxiu.com/
- 拓扑社：http://tobshe.com/
- 零壹财经：http://www.01caijing.com/

- 钛媒体：http://www.tmtpost.com/

上述这些平台都提供了相应的投稿和寻求报道的入口，只需通过网址进入该网站首页后即可看到相关入口，如图 8-3 所示为 36 氪"寻求报道"入口和钛媒体"投稿"入口页面。

图 8-3　36 氪"寻求报道"入口和钛媒体"投稿"入口链接

让投资人主动联系自己除了可以在互联网媒体上寻求报道、投稿外，还可以将产品推广到免费的渠道上进行宣传，从而获得产品曝光，吸引投资人的关注，下面为创业者推荐几个产品推广平台。

- 腾讯云：https://cloud.tencent.com/

- NEXT：http://next.36kr.com/posts

- 产品网：http://www.cpooo.com/

另外，创业者也可以在融资创业平台上发布创业项目，让自己的项目获得曝光，下面推荐几个融资创业平台。

- 天使汇：http://angelcrunch.com/

- 创投圈：https://www.vc.cn/

- 投融界：http://www.trjcn.com/

- 企橙网：http://www.weqicheng.com/

读者意见反馈表

亲爱的读者：

感谢您对中国铁道出版社的支持，您的建议是我们不断改进工作的信息来源，您的需求是我们不断开拓创新的基础。为了更好地服务读者，出版更多的精品图书，希望您能在百忙之中抽出时间填写这份意见反馈表发给我们。随书纸制表格请在填好后剪下寄到：北京市西城区右安门西街8号中国铁道出版社综合编辑部 王佩 收（邮编：100054）。或者采用传真（010-63549458）方式发送。此外，读者也可以直接通过电子邮件把意见反馈给我们，E-mail地址是：1958793918@qq.com。我们将选出意见中肯的热心读者，赠送本社的其他图书作为奖励。同时，我们将充分考虑您的意见和建议，并尽可能地给您满意的答复。谢谢！

- -

所购书名：＿＿＿＿＿＿＿＿＿＿＿＿＿＿＿＿＿＿＿＿＿＿＿＿

个人资料：

姓名：＿＿＿＿＿＿＿＿＿ 性别：＿＿＿＿＿＿ 年龄：＿＿＿＿＿＿ 文化程度：＿＿＿＿＿＿＿＿＿

职业：＿＿＿＿＿＿＿＿＿ 电话：＿＿＿＿＿＿ E-mail：＿＿＿＿＿＿＿＿＿

通信地址：＿＿＿＿＿＿＿＿＿＿＿＿＿＿＿＿＿＿ 邮编：＿＿＿＿＿＿＿＿＿

- -

您是如何得知本书的：

□书店宣传 □网络宣传 □展会促销 □出版社图书目录 □老师指定 □杂志、报纸等的介绍 □别人推荐

□其他（请指明）＿＿＿＿＿＿＿＿＿＿＿＿＿＿＿＿＿＿

您从何处得到本书的：

□书店 □邮购 □商场、超市等卖场 □图书销售的网站 □培训学校 □其他

影响您购买本书的因素（可多选）：

□内容实用 □价格合理 □装帧设计精美 □带多媒体教学光盘 □优惠促销 □书评广告 □出版社知名度

□作者名气 □工作、生活和学习的需要 □其他

您对本书封面设计的满意程度：

□很满意 □比较满意 □一般 □不满意 □改进建议

您对本书的总体满意程度：

从文字的角度 □很满意 □比较满意 □一般 □不满意

从技术的角度 □很满意 □比较满意 □一般 □不满意

您希望书中图的比例是多少：

□少量的图片辅以大量的文字 □图文比例相当 □大量的图片辅以少量的文字

您希望本书的定价是多少：

本书最令您满意的是：

1.

2.

您在使用本书时遇到哪些困难：

1.

2.

您希望本书在哪些方面进行改进：

1.

2.

您需要购买哪些方面的图书？对我社现有图书有什么好的建议？

您更喜欢阅读哪些类型和层次的书籍（可多选）？

□入门类 □精通类 □综合类 □问答类 □图解类 □查询手册类

您在学习计算机的过程中有什么困难？

您的其他要求：